_______________ 님의 소중한 미래를 위해

이 책을 드립니다.

# 주도주 투자
## 부자가 되는 지름길

다가올 2년, 가장 뜨거운 섹터에 투자하라

# 주도주 투자
## 부자가 되는 지름길

이가근 · 홍성범 지음

메이트북스

메이트북스 우리는 책이 독자를 위한 것임을 잊지 않는다.
우리는 독자의 꿈을 사랑하고,
그 꿈이 실현될 수 있는 도구를 세상에 내놓는다.

# 주도주 투자, 부자가 되는 지름길

**초판 1쇄 발행** 2026년 2월 25일 | **지은이** 이가근 · 홍성범
**펴낸곳** (주)원앤원콘텐츠그룹 | **펴낸이** 강현규·정영훈
**등록번호** 제301-2006-001호 | **등록일자** 2013년 5월 24일
**주소** 04607 서울시 중구 다산로 139 랜더스빌딩 5층 | **전화** (02)2234-7117
**팩스** (02)2234-1086 | **홈페이지** matebooks.co.kr | **이메일** khg0109@hanmail.net
**값** 21,000원 | ISBN 979-11-6002-452-4 03320

당신이 이해하지 못하는 기업에는
투자하지 마라.

• 피터 린치(미국의 투자가) •

# 코스피 5000 시대,
# 부의 지도를 다시 그리다

'코스피 5000'이라는 말을 처음 들었을 때, 이는 아주 먼 미래에나 달성 가능한 목표라고 생각했습니다. 그런데 집필을 시작했던 2025년 여름의 끝자락, 3,100포인트였던 코스피는 책이 출간되기도 전에 5,000포인트를 넘어섰습니다.

이런 시기에는 주식과 투자 이야기가 늘 화제의 중심에 있고, 증권사 지점은 손님들로 북새통을 이룹니다. 증시 호황은 마치 영원할 것처럼 느껴지지만, 불행히도 지금껏 자본시장의 역사가 그러했듯 우리는 조만간 고통스러운 하락장도 반드시 경험하게 될 것입니다. 그리고 언제나처럼 하락장에서 자본 시장을 떠나지 않고 꿋꿋하게 투자를 이어온 소수의 사람들만이 성장의 과실을 온전히 누리게 될 것입니다.

주식 시장에서 가격의 움직임은 늘 변덕스럽고, 추세는 단기적입니다. 이러한 변동성의 파고를 넘어 성공적인 투자의 여정을 길게 이어가기 위해서는 가격의 흔들림에 일희일비하지 않는 평정심을 유지하며, 투자의 본질인 '기업의 미래'에 집중해야 합니다.

일례로 현대차의 주가는 2026년 들어 100% 이상 상승했습니다. 국내 소비 경기가 여전히 침체중임에도 주가가 치솟은 것은, CES를 통해 로봇 사업에 대한 구체적인 청사진을 제시하며 투자자들이 바라보는 현대차의 미래에 '로봇'이라는 강력한 성장 엔진이 추가되었기 때문입니다.

세상은 늘 우리가 생각하는 것보다 훨씬 빠르게 변합니다. 기술의 진보는 선형적인 그래프가 아니라 기하급수 곡선을 따라 폭발적으로 성장하며, 이 과정에서 산업을 주도한 기업은 주식 시장의 스타가 됩니다. 전기차의 테슬라, 인공지능의 엔비디아가 걸어온 길이 이를 증명합니다.

과거의 성장이 '노동과 자본'에 의존했다면, 다가올 시대의 동력은 '파괴적 혁신'입니다. 저는 시장의 소음 속에서 본질을 찾기 위해 치열하게 고민해왔습니다. 그리고 그 끝에서 대한민국의 미래와 글로벌 자본의 흐름을 주도할 6가지 핵심 테마인 방산, 로봇, 양자컴퓨터, 인공지능, 스테이블코인, 원전을 조심스레 제시합니다.

이 책은 단순히 종목을 추천하기 위한 가이드북이 아닙니다. 변화의 본질을 꿰뚫어보고, 거대한 흐름 속에서 길을 잃지 않도록 돕는 나침반이 되기를 바라는 마음으로 썼습니다. 코스피 5000은 단순한 숫자가 아닙니다. 대한민국 경제의 질적 도약이자, 준비된 자들에게는 부의 사다리가 놓이는 황금기입니다. 이 책이 여러분의 투자 여정에 든든한 동반자가 되어, 새로운 부의 영토를 선점하는 데 힘이 되길 기원합니다.

**이가근 · 홍성범**

# 차례


지은이의 말_ 코스피 5000 시대, 부의 지도를 다시 그리다 _ 6


## 1장

# 21세기 최대 호황중인 주식시장, 계속 이어진다


전 세계 주식시장, 상승은 계속 이어진다 _ 17

휴머노이드 로봇 산업이 본격 개화되다 _ 22

거스를 수 없는 대세, 원자력 발전 시대 _ 25

트럼프발 각자도생 시대, 최대 수혜는 방위산업 _ 28


## 2장

# 주식시장을 강력하게 이끌 주도주, 로봇

로봇 산업, 새로운 100년을 열다 _ 35

미중의 로봇 패권 경쟁이 산업 성장을 이끈다 _ 38

중국의 로봇 산업과 기업, 매우 빠르게 성장중이다 _ 42

부문별 로봇 산업의 종류, 제대로 파악하자 _ 47

휴머노이드 로봇의 적정 가격이 수요를 촉발할 것이다 _ 50

투자 가치가 높은 휴머노이드 로봇 기업 TOP 8 _ 56

산업용 로봇 역시 주목해야 한다 _ 74

산업용 로봇의 주요 기업에 대해 알아보자 _ 79

의료용 로봇, 시장이 점점 커지고 있다 _ 84

3장

# 주식시장을 강력하게 이끌 주도주,
# 스테이블코인

스테이블코인의 정의와 장점에 대해 알아보자 _ 113

스테이블코인을 4가지 유형으로 분류해보자 _ 118

확산되고 있는 스테이블코인, 그 역할에 주목하자 _ 125

스테이블코인의 한계를 파악하자 _ 128

스테이블코인 밸류체인과 주요 기업은 어디인가? _ 132

밸류체인에 따라 접근법이 다른 스테이블코인 테마 _ 138

**4장**

# 주식시장을 강력하게 이끌 주도주,
# 양자 컴퓨터

| | |
|---|---|
| 디지털 혁명에서 양자 혁명으로 | _ 159 |
| 양자 컴퓨터란 과연 무엇인가? | _ 162 |
| 양자 컴퓨터의 핵심 기술은 바로 이것이다 | _ 166 |
| 양자 컴퓨터가 앞으로 바꿀 미래 | _ 172 |
| 양자 컴퓨터의 밸류체인에 대해 알아보자 | _ 176 |
| 기술 진보의 속도가 중요한 양자 컴퓨터 테마 | _ 178 |

**5장**

# 주식시장을 강력하게 이끌 주도주,
# 방위산업

| | |
|---|---|
| 각자도생으로 달려가는 신냉전 시대 | _ 195 |
| 미국의 신고립주의와 유럽 재무장 계획 | _ 199 |
| 유럽 못지 않은 잠재력을 보이는 중동의 방산시장 | _ 211 |
| 천조국을 넘어 1,500조국으로 가는 미국 | _ 216 |

## 6장

# 주식시장을 강력하게 이끌 주도주, 인공지능(AI)

인공지능 대변혁의 시대가 마침내 도래했다 _ 247

AI 시대 도래의 기술적 기반: 데이터 + 클라우드 + GPU _ 250

인공지능 생태계의 구성 요소는 무엇인가? _ 254

인공지능 생태계의 변화 양상과 발전 방향을 알자 _ 264

산업의 발전 양상에 맞춘 포트폴리오 변화가 필요하다 _ 274

- 전 세계 주식시장, 상승은 계속 이어진다
- 휴머노이드 로봇 산업이 본격 개화되다
- 거스를 수 없는 대세, 원자력 발전 시대
- 트럼프발 각자도생 시대, 최대 수혜는 방위산업

# 1

## 21세기
## 최대 호황중인
## 주식시장,
## 계속 이어진다

# 전 세계 주식시장, 상승은 계속 이어진다

2026년 이후에도 성장 스토리는 지속될 가능성이 크다. 이런 성장 스토리 안에서 차별화된 스토리와 실적을 보이는 섹터와 기업들의 주가 상승세는 2026년에도 더욱 가속화될 것으로 보인다.

2025년 한국 증시는 호황을 보이고 있다. 코스피 지수는 2025년 10월 31일 기준으로 4107포인트를 기록해서 연초 대비 71%의 상승률을 보였다. 이는 Y2K 버블로 인한 기대감이 폭증했던 1999년의 연간 상승률 83% 이후 가장 높은 연간 상승률이다. 코스피200 지수는 이보다 더 높은 상승세를 기록중이다. 연초대비 82.32%를 기록해 1990년 코스피200이 도입된 이후 가장 높은 수익률을 기록한 1999년(82.78%)과 거의 비슷한 상승률을 기록중이다.

이 같은 증시의 상승세는 비단 우리나라만의 일은 아니다 니케이 지수도 역사적 신고가를 기록중이다. 미국의 S&P500 지수도 연초

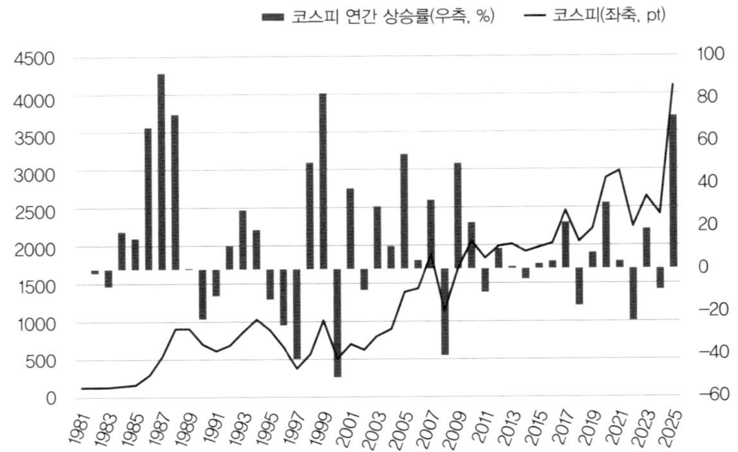


출처: 한국거래소

대비 상승률은 18% 선에 그쳐 평균 수준의 상승세를 보이나 저점 대비로는 40% 이상 급반등이 나오며 역시 역사적 신고가를 기록중이다.

이 같은 증시의 훈풍은 여러가지 요인이 있겠으나 그 중 가장 큰 요인으로 꼽을 수 있는 것은 AI(인공지능)산업에 대한 기대감이라 할 수 있다. 모두가 알다시피 AI는 2025년에 등장한 기술은 아니다. 오래전부터 인공지능 산업에 대한 기대감은 꾸준하게 증가하고 있었다. 다만 ChatGPT의 성공적인 시장 안착에 따라 향후 장기적인 AI 성장에 대한 기대감이 본격화되었다고 볼 수 있다.

AI산업의 성장은 가장 먼저 직접적으로 반도체 시장에 긍정적인 영향을 미치며 반도체 시장에 새로운 슈퍼사이클을 만들어내고 있다. 또한 AI산업의 성장은 데이터센터의 폭증을 유발하고, 이는 곧 전력 부족을 야기하며 전력시장에도 직접적으로 영향을 미치고 있다. 전력 시장에서는 단순 발전 시장에만 영향을 미치는 것이 아닌 전력 인프라에 영향을 미치며 원자력 발전 시장을 성장시킨다.

원자력 발전은 지금부터 이 시장에 투자를 한다 하더라도 2030년 이후에나 완공이 가능하고, 그전까지 안정적인 전력 공급 수단이 필요하다. 이를 위해 각 데이터센터에는 ESS가 필수로 들어가는 트렌드가 형성되면서 2차전지 시장에도 영향을 미치기 시작했다. 이 같은 이유로 반도체, 2차전지, 원자력, 전력기기를 중심으로 우리나라 증시는 큰 폭으로 상승중에 있으며, 미국 증시에서도 관련 기업들의 주가가 폭발적인 상승세를 보이고 있다.

## 주식시장, 앞으로 우리가 가보지 못한 길을 갈 것

일부에서는 이 같은 주가 상승이 과거 Y2K 때의 버블현상과 같다고 본다. 즉 조만간 AI가 가져오는 대규모 투자 사이클이 허상으로 바뀌면서 버블이 곧 꺼질 것이라는 의견이 나오고 있다.

하지만 Y2K와 지금의 상황은 많이 다르다고 볼 수 있다. 단순히 '내러티브narrative, 서사가 버블이냐, 아니냐'로 평가하기는 이르다. 적어도 자본시장에 몸을 담고 있는 투자자라면 현재의 상황이 숫자상

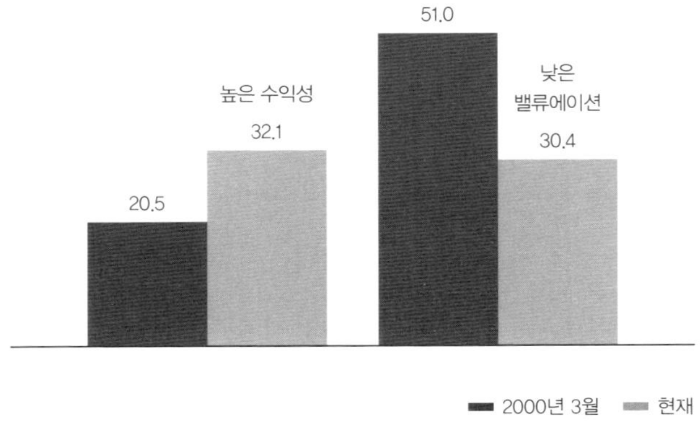


출처: Invesing.com

으로 버블인지, 아니면 진정한 투자 아이디어에서 방향성을 함께하는 것인지로 판단해야 할 것이다.

S&P500 기업들에 속한 테크기업들의 ROE(자기자본이익율)를 살펴보면 Y2K 때와 비교해서 수익성은 50% 이상 높으나 밸류에이션은 60% 수준에도 못 미치고 있다. 적어도 버블이라고 한다면 수익성은 낮되 밸류에이션이 더 높거나, 아니면 과거 버블 때와 비슷한 수준이라도 보여야 한다. 하지만 현재의 상황은 정반대다. 어떤 특정한 외생변수가 갑자기 튀어나와서 상황이 언제 어떻게 급격히 바뀌지 않는 한은, 적어도 지금의 상황이 단순한 내러티브적 상상력으로만 주가가 오르고 있는 것이 아님을 알 수 있다.

이 같은 성장 스토리는 2025년의 증시 상승에 반영된 부분도 있겠으나 2026년 이후에도 이 같은 성장 스토리는 지속될 가능성이 크다. 이런 가운데 차별화된 스토리와 실적을 보이는 섹터와 기업들의 주가 상승세는 앞으로도 더욱 가속화될 것으로 보인다. 여기서는 2026년 이후 글로벌 증시에서 가장 돋보일 섹터를 '로봇, 스테이블코인, 원전, 양자 컴퓨터, 방산, AI'로 예상하며 이에 대한 투자 아이디어를 공유하고자 한다.

# 휴머노이드 로봇 산업이 본격 개화되다

휴머노이드 로봇 산업은 향후 100년을 책임질 수 있는 새로운 성장 산업이다. 단, 시장에서는 폭발적인 성장에 대한 기대감을 키울 수 있어 양날의 칼과 같은 상태에 놓여있음을 분명히 인지하고 투자해야 한다.

2026년을 기점으로 로봇 산업이 새로운 국면을 맞이할 것으로 전망된다. 지금까지 로봇 산업은 주로 산업용 로봇이 주도해왔지만, 2026년 이후에는 휴머노이드 로봇이 산업의 중심축으로 떠오를 가능성이 크다. 전 세계적으로 다양한 휴머노이드 로봇 기업들이 경쟁하고 있지만, 미국과 중국 기업들이 양대 산맥으로 자리 잡으며 산업 성장을 이끌 것으로 보인다.

테슬라의 옵티머스 3가 공개되고 양산 단계에 돌입하며 일론 머스크가 공언한 대로 3만 달러 이하로 양산이 시작된다면, 전 세계는 전례 없는 휴머노이드 로봇 시대를 맞이할 것이다. 여기에 더해 한

때 보스턴 다이내믹스를 매각하며 로봇 산업에서 발을 뺀 듯했던 소프트뱅크가 다시 로봇 기업 인수에 나서며 산업 성장에 불을 지피고 있다. 테슬라의 옵티머스뿐 아니라 애질리티 로보틱스<sup>Agility Robotics</sup>, 피겨 AI<sup>Figure AI</sup>, 앱트로닉<sup>Apptronik</sup> 등 미국 기업들이 각 공장의 양산 라인에 휴머노이드 로봇을 투입하면서 생산성 중심의 휴머노이드 로봇 산업의 원년은 2026년이 될 것으로 예상된다.

중국에서는 대표적인 로봇 기업 유비테크<sup>UBTech</sup>가 자국 기업들로부터 대규모 수주를 통해 본격적인 매출을 창출할 것으로 보이며, 이에 대한 확인은 2026년에 검증될 가능성이 높다. 유비테크가 수주를 매출로 전환하며 시장의 회의적인 시각을 숫자로 반박한다면 이는 로봇 산업의 중요한 변곡점이 될 것이다. 또한 중국의 또 다른 대표 로봇 기업 유니트리<sup>Unitree</sup>가 2026년에 중국 증시에 상장되면서 로봇 관련 기업들의 주가가 시장의 주목을 받는 또 하나의 도화선이 될 것으로 보인다.

## 주식시장을 이끌 최고의 화두는 휴머노이드 로봇 기업

국내 휴머노이드 로봇 기업들은 아직 해외 기업들에 비해 두드러진 성과를 보여주지 못했지만 2026년에는 가시적인 성과를 낼 시점에 있다. 삼성그룹이 레인보우로보틱스를 계열사로 편입하고 로봇 산업을 차세대 성장 동력으로 낙점한 만큼 레인보우로보틱스의 휴머노이드 로봇도 2026년에 일정 수준 이상의 성과를 기대할 수 있을 것이다.

휴머노이드 로봇의 성장은 완제품 기업뿐 아니라 관련 부품 기업들에도 큰 기회가 될 것이다. 특히 휴머노이드 로봇의 핵심 부품인 액추에이터actuator에 주목해야 한다. 중국의 저장 쌍환Zhejiang Shuanghuan과 한국의 로보티즈Robotis가 휴머노이드 로봇 공급망에서 두각을 나타낼 가능성이 높다.

다만 휴머노이드 로봇 관련된 기업들의 주가는 꽤 높은 비중의 기대치가 주가에 이미 반영되어 있는 상태다. 따라서 시장의 기대치를 하회하는 성장세나 침투 속도를 보인다면 언제든지 주가 급락은 올 수 있기 때문에 이 부분은 반드시 지속적으로 체크해야 한다.

반대로 현재 시장에서 가지고 있는 성장에 대한 의구심 내지는 양산에 대한 우려를 해소해주기만 한다면, 휴머노이드 로봇 산업은 향후 100년을 책임질 수 있는 새로운 성장 산업임이 분명하다. 그렇다면 시장에서는 폭발적인 성장에 대한 기대감을 키울 수 있어 휴머노이드 로봇 관련된 주식들은 2026년에 양날의 칼과 같은 상태에 놓여있음을 분명히 인지하고 투자해야 한다.

# 거스를 수 없는 대세, 원자력 발전 시대

> 원자력 발전 기업들은 다른 어떤 섹터와 비교해도 높은 성장성을 장기적으로 이어갈 가능성이 매우 높다. 실적 성장을 딛고 주가는 장기적인 우상향 가능성이 매우 높은 섹터 중 하나라고 판단된다.

후쿠시마 원전 사고로 인해 한동안 전 세계적으로 멈췄던 원자력 발전에 대한 투자가 동시다발적으로 진행되고 있다. '1) 글로벌 전력 부족, 2) 트럼프 2기 행정부의 등장과 원전 예찬론, 3) 데이터센터의 급증' 등으로 인해 원자력 발전에 대한 수요가 급증하고 있다.

특히 원전 예찬론을 펼치던 트럼프가 재선에 성공하면서 2기 트럼프 행정부에서는 매우 구체적이고 장기적인 원자력 발전 계획을 세우고 있다. 트럼프 1기 행정부의 에너지 관련 인사들이 직접 기업을 설립하고 원자력에 대한 직접 투자가 이루어질 만큼 원자력에 적극적이다. 미국은 트럼프의 원전 행정명령으로 인해 원자력 발전에 대한 규제를 완화하고 공급망을 강화할 예정이다. 2030년까지 총 10기의 원전 착공을 목표로 하고 있으며, 2050년까지 원전 용량을 400GW까지 확대할 것을 목표로 하고 있다.

이에 질세라 중국은 2025년 상반기에만 10기의 신규 원전 프로젝트를 승인했다. 2035년까지 200GW의 원전을 설치할 계획이며, 향후 15년간 150기의 원전 건설을 목표로 하고 있다.

미국, 중국뿐만 아니라 전 세계 주요 국가들 모두 원전에 대한 투자를 본격적으로 시행하고 있는 상황인데, 보수적으로 봐도 향후 10년간 원전 산업에 대한 투자는 한화 약 3천조 원 이상 규모로 이루어질 것이고, 경우에 따라서는 최대 6천조 원까지의 투자가 진행될 것이다. 이 경우 연평균 원전 시장의 규모는 최소 300조 원을 형성하게 되는데, 글로벌 메모리 반도체 시장의 규모가 연간 200조 원 수준인 것을 감안하면 2026년부터 향후 최소 10년간은 '원전 르네상스 시대'라고 봐도 무방할 것으로 보인다.


## 주식시장의 중심에 원자력이 있다


각 국가별 원전 투자 이외에도 빅테크 기업들의 원전 투자도 매우 구체적이고 공격적으로 진행될 것으로 보인다. 특히 데이터센터에서 소요되는 막대한 전력 용량을 감당하기에 가장 적합한 발전이 원전이라는 점 때문에 빅테크 기업들을 중심으로 데이터센터 인근에 SMR(Small Modular Reactor, 소형 모듈 원자로)을 직접 설치해서 안정적인 전력을 확보하는 노력들이 향후에도 지속적으로 이루어질 것으로 예상된다.

따라서 원자력 발전 기업들은 다른 어떤 섹터와 비교해도 높은 성장성을 장기적으로 이어갈 가능성이 매우 높다 할 수 있다. 물론 이를 반영하는 주가의 선반영도 상당 부분 이루어졌으나 주가는 장기적으로 우상향 가능성이 매우 높은 섹터 중 하나라고 판단된다.

원자력 발전의 경우 다른 섹터와 달리 기술력이 높은 1~2개의 기업이 시장을 독식하기는 매우 어려운 구조이기 때문에 글로벌 주가 동조화는 앞으로도 꽤 높은 확률로 진행될 것으로 보인다. 다만 그 안에서 기술 경쟁력이 높은 기업들의 수주가 상대적으로 더 높을 것이 예상되므로 이런 기업들을 선별하는 안목을 갖추는 일이 중요할 것이다.

# 트럼프발 각자도생 시대, 최대 수혜는 방위산업

지금까지 이어진 유럽과 한국의 방위산업 기업들의 실적 상승과 이를 기반으로 한 주가 상승이 지속될 것으로 보인다. 여기에 더해 상대적으로 부진했던 미국 기업들의 키 맞추기가 진행될 것으로 보인다.

2026년 상반기인 지금도 전 세계는 신냉전<sup>New Cold War</sup> 시대를 향해 가열차게 달려가고 있다. 트럼프 정부 2기의 등장은 지금까지의 신냉전과는 사뭇 다른 방향으로 신냉전 시대의 2.0으로 흘러가고 있는 흐름이다.

2025년 1월 트럼프 정부 2기의 시작 이후 트럼프 행정부의 외교 정책은 바이든 행정부의 다자주의·동맹 중심 접근에서 트럼프의 'America First' 거래적 현실주의로 급변했다. 이는 블록화(서방 vs. BRICS 중심 동방)를 심화시키면서도, 우크라이나·가자 등 일부 분쟁에서 디에스컬레이션(평화 협상)을 유발해 '신냉전 2.0'으로 불릴 만큼 복잡한 양상을 띠고 있다.

트럼트 2기 행정부가 들어서면서 영원할 것 같던 미국의 '세계경찰' 역할은 사실상 막을 내렸고, 이로 인해 전 세계적으로 많은 국가들이 분쟁을 겪고 있다. 트럼프 2기 행정부가 들어서면 금방 막을 내릴 것 같았던 러시아-우크라이나 전쟁도 2026년이 시작된 시점까지 종전은 묘연해진 상황이다.

트럼프 2기는 경찰국가로서의 역할을 뒤로하고 각 우방국가들에게 방위비 증액을 강력하게 요구하고 있다. 이에 따라 NATO는 GDP 대비 5%의 방위비 지출을 목표로 방위산업 정책을 시행해 나가고 있다. 그 결과 전 세계 방위산업 관련 기업들의 실적이 급증했고. 주가 역시 이를 반영하면서 폭등하고 있다. 이 같은 추세는 각 국가별로 방위산업의 지출이 확실하게 예정되어 있는 2030년까지는 최소한 유지될 것으로 보인다.

다만 최근의 주가 급등은 유럽 방위산업 기업들 중심으로 급등했으며, 미국 방산기업들의 주가 상승은 상대적으로 부진한 상황이다. 하지만 2026년에는 이런 상황들에도 약간의 변화가 일어날 것으로 예상된다. 지금까지 이어진 유럽과 한국의 방위산업 기업들의 실적 상승과 함께 이를 기반으로 주가 상승이 지속될 것이고, 여기에 더해 상대적으로 부진했던 미국 기업들의 키 맞추기가 진행될 것으로 보인다.

특히 트럼프 행정부에서 미국 내 미사일 재고 확보를 본격적으로 시행할 것으로 보이는 2026년에는 관련 미국 기업들의 실적 증가와 주가 상승이 상대적으로 도드라질 것으로 보인다. 록히드마틴, RTX 같은 기업들은 유럽의 방산 대비 최근 4년간의 주가 상승이 상대적으로 부진한 상황에서, 밸류에이션 매력까지 확보하고 있어 글로벌 투자자들에게 더 주목받는 한 해가 될 것으로 보인다.

다만 방위산업 섹터 기업들의 경우 개별 이슈와 뉴스에 따라 2026년에는 주가의 변동폭이 상대적으로 확대될 리스크가 상존하고 있어 지속적인 체크가 필요하다.

- 로봇 산업, 새로운 100년을 열다

- 미중의 로봇 패권 경쟁이 산업 성장을 이끈다

- 중국의 로봇 산업과 기업, 매우 빠르게 성장중이다

- 부문별 로봇 산업의 종류, 제대로 파악하자

- 휴머노이드 로봇의 적정 가격이 수요를 촉발할 것이다

- 투자 가치가 높은 휴머노이드 로봇 기업 TOP 8

- 산업용 로봇 역시 주목해야 한다

- 산업용 로봇의 주요 기업에 대해 알아보자

- 의료용 로봇, 시장이 점점 커지고 있다

# 2

## 주식시장을 강력하게 이끌 주도주,

# 로봇

# 로봇 산업,
# 새로운 100년을 열다

2026년에는 인건비 상승과 고령화를 맞이하는 선진국을 중심으로 휴머노이드 로봇이 본격 성장할 것으로 보인다. 여기에 더해 AI의 급격한 발전은 휴머노이드 로봇 산업 성장을 더욱 강하게 이끌 것이다.

인간의 로봇에 대한 로망은 수십 년째 꾸준히 이어져왔다. 이미 수많은 산업 현장에서 생산 자동화를 위한 로봇이 활용되고 있고, 일상의 다양한 영역에서도 로봇이 실용화되고 있다. 그럼에도 불구하고 '인간을 닮은, 인간처럼 생각하는 로봇'에 대한 갈망은 여전히 크며, 꾸준히 영화와 대중문화의 중요한 소재로 다뤄져왔다.

영화 〈스타워즈〉의 R2D2처럼 단순한 바퀴 달린 깡통 로봇에서 출발해 윌 스미스 주연의 〈아이, 로봇〉에서는 인간의 골격 구조를 닮은 정교한 로봇들이 등장했고, 〈엑스 마키나〉에서는 인간의 피부와 거의 똑같은 섬유를 입힌 로봇이 등장해 인간과 구분하기 어려운 존재로 묘사되었다. 이처럼 로봇은 단순한 상상의 산물에서 점차 '인간과의 경계'를 허무는 방향으로 진화하며 우리의 상상력을 자극해왔다.

마치 영화 속 이야기로만 남을 것 같았던 휴머노이드 로봇의 시대는 이제 현실로 다가오고 있다. 향후 5년 이내에 오히려 영화보다 더 영화 같은 로봇 산업의 태동기가 우리 눈앞에서 현실로 펼쳐질 것이다.

2000년대 이후 로봇 산업이 주로 하드웨어 중심의 발전을 거듭해왔다면, 이제는 생성형과 추론형 AI의 등장이 소프트웨어적 진보를 견인하며 판도를 완전히 바꾸고 있다. 2025년이 본격적으로 이 두 축이 융합을 시작한 해였다면, 2026년은 그 시너지가 폭발하며 휴머노이드 로봇 시장의 본격적인 원년으로 기록될 가능성이 높다.

## 휴머노이드 로봇의 로망이 실현될 2026년

국제로봇연맹(IFR: International Federation of Robotics)의 자료에 따르면 2024년 전 세계 산업용 로봇 신규 설치 대수는 약 65만 대로 10년 전보다 두 배 이상 늘어났다. 서비스 로봇 분야 역시 2024년 300억 달러 규모를 넘어섰고, 매년 두 자릿수 성장을 이어가고 있는 것으로 추정된다. 2025년까지 전 세계 산업용 로봇 재고는 300만 대를 넘어설 것으로 예상되며, 이는 자동화 확산에 기인한다. 전체 글로벌 로봇 시장은 2025년까지 2,750억 달러에 이를 것으로 집계되며, 특히 AI 통합 로봇 시장은 2025년까지 1,900억 달러 규모의 시장 기회를 창출할 것으로 추정한다. 다만 각 기관별로 시장의 규모 집계가 큰 차이가 있는데, 이는 카테고리와 로봇의 범주에 따른 차이로, 전체적인 시장의 확산과 성장률은 모두 동일한 방향성을 가지고 있는 점은 분명하다.

최근 로봇 산업의 성장세는 다음과 같은 몇 가지 구조적 요인에서 비롯된다.

첫째, 인건비 상승과 고령화다. 제조 현장에서 숙련 노동자 확보가 어려워지면서 기업들은 자동화를 통한 생산성 향상을 모색하고 있다.

둘째, 인공지능AI과 센서 기술의 발전이다. 로봇이 단순 반복을 넘어 '판단'과 '학습'을 할 수 있게 되면서 활용 범위가 예전에 비해 폭발적으로 넓어졌다.

셋째, 국가 차원의 정책적 지원과 국가 전략 산업 지정이다. 미국, 중국, 유럽, 한국, 일본 모두 로봇 산업을 4차 산업혁명의 핵심 축으로 보고 있다.

넷째, 로봇 부품의 가격 하락과 표준화다. 고성능 액추에이터 및 센서의 대량 생산 체계가 갖춰지면서 로봇 제작 단가가 낮아지고 있으며, 이는 중소기업의 로봇 도입 장벽을 낮추는 핵심 요인으로 작용하고 있다.

# 미중의 로봇 패권 경쟁이
# 산업 성장을 이끈다

미국 기업들이 압도적인 기술력으로 로봇 시장을 선점하고 있으나, 중국 업체들의 물량 공세도 만만치 않은 상황이다. 중국 업체들의 범정부적 노력도 중국 로봇 산업의 성장을 강력하게 이끌고 있다.

여느 산업과 마찬가지로 미국과 중국은 로봇 산업에서도 치열한 경쟁을 벌이고 있다. 다만 중국이 범정부적인 정책과 자본의 지원을 통해 로봇 산업을 육성하고 있다면, 미국 기업들은 로봇 산업 생태계 자체가 워낙 규모와 자본이 뒷받침되다 보니 기업들 스스로가 로봇 산업 확대를 하고 있다는 근본적인 차이가 있다고 구분할 수 있다.

2025년 현재 중국이 하드웨어 생산과 대량 배포에서 우위를 점하고 있는 반면, 미국은 고급 AI 소프트웨어와 혁신 생태계에서 선두를 지키고 있다. 로봇 산업 내에서의 미국과 중국은 'Made in

China 2025'와 미국의 기술 제재(예: 칩 수출 제한)로 촉발된 경쟁이 휴머노이드 로봇과 산업 자동화 분야에서 치열하게 전개중이다. 2025년 9월 기준으로 중국은 세계 로봇 설치량의 51%를 차지하며 미국(약 10%)을 압도하지만, 미국은 AI 통합 로봇의 품질과 응용에서 앞서고 있는 상황이다. 이로 인해 시장은 '중국은 양적 리더, 미국은 질적 리더'로 평가한다.

중국 로봇 시장은 2025년 약 90억 달러 규모로 성장했다. 중국은 2024년 기준 제조업 1만 명당 로봇 밀도가 470대로 세계 3위를 기록하며, 2021년 미국을 추월했다. 반면 미국은 로봇 밀도가 300대 미만으로 중국의 절반 수준이며, 채택률이 낮아 노동 비용 절감 효과를 제대로 내지 못하고 있다. 중국의 산업 로봇 시장은 2033년 165억 달러로 성장할 것으로 예상되며, 전체 로봇 시장은 2032년 500억 달러를 초과할 것으로 전망된다.

## 미국의 기술력과 중국의 물량 공세의 싸움

미국의 로봇 시장은 2025년 약 100억 달러 규모인 것으로 추정도지만, 연 성장률(CAGR 8%)이 중국(12%)보다 낮은 상황이다. 중국의 우위는 정부 보조금과 공급망 통합 덕분으로, 중국은 2025년 7월 기준 19만 건 이상의 로봇 관련 특허를 보유하며 미국(약 10만 건)을 앞서고 있다.

| 항목 | 중국 | 미국 | 비교 포인트 |
| --- | --- | --- | --- |
| 2025 시장 규모 | 90억 달러(전체) | 100억 달러(전체) | • 중국: 대량 생산 중심<br>• 미국: 고부가 응용 |
| 로봇 밀도(2025) | 470대/1만 명 | 300대/1만 명 | • 중국: 2021년 미국 추월,<br>2023년 일본 추월 |
| 설치량 비중 | 세계 51% | 세계 10% | • 중국: 2021년부터 연간<br>설치량 세계 1위 |
| 성장 전망(2033) | 500억+ 달러 | 200억+ 달러 | • 중국: 5조 달러 잠재 시장<br>• 미국: AI 중심 성장 |

각 부문별 경쟁력을 살펴보면, 우선 산업용 로봇에서는 중국이 압도적인 우위를 점하고 있다. '세계의 공장'이라 불리는 중국에서는 2021년 이후 산업용 로봇의 연간 설치량이 전 세계의 절반 수준까지 차지하기 시작했다. 반면 제조업의 비중이 상대적으로 낮은 미국의 경우 산업용 로봇의 수요가 전 세계 수요의 10% 정도로 매우 낮은 편이다.

실제로 중국 심천의 경우 산업용 로봇의 프로토타입 반복 주기가 2일에 불과해 미국의 2주에 비해 7배나 빠른 편이다. 즉 중국은 저비용 생산으로 글로벌 공급망을 장악하고 있는 상황이다.

휴머노이드 로봇의 경우 절대적인 시장 규모는 2025년 기준으로 중국이 약 247억 달러, 미국이 100억 달러 수준으로 중국이 압도적으로 우위를 차지하고 있다. 그러나 중국은 대량 생산 가능한 저가형 모델 중심인 데 비해 미국은 AI학습이 된 모델이 중심이라고 평가할 수 있다.

아직 휴머노이드 로봇 산업이 초기 단계이므로 누가 승자가 될지는 확언할 수 없다. 하지만 '중국은 물량, 미국은 완벽한 구현'에 초점을 맞추고 있는 만큼 지속적인 모니터링이 필요하다.

# 중국의 로봇 산업과 기업, 매우 빠르게 성장중이다

중국 정부의 강력한 로봇 산업 성장 정책과 각종 중소기업들의 공격적인 생태계 확장으로 중국은 마치 1990년 후반 한국의 용산 PC조립 시장을 연상케 할 정도의 활발한 자생적 생태계가 형성되고 있다.

중국의 로봇 산업은 국가 주도의 산업 정책을 통해 빠르게 성장하고 있으며, '제조업 현대화, AI 통합, 고급 기술 자립'을 핵심 목표로 삼고 있다. 중국 정부는 로봇 산업을 'Made in China 2025' 전략의 10대 핵심 분야 중 하나로 지정했으며, 2025년까지 로봇 밀도(제조업 10,000명당 로봇 수)를 세계 최고 수준으로 끌어올리는 것을 목표로 하고 있다.

이러한 중국의 로봇 육성 정책들은 국가발전개혁위원회(NDRC: National Development and Reform Commission), 산업정보화부(MIIT: Ministry of Industry and Information Technology) 등 중앙 정부 기관에서

주도하고 있다. 여기에 더해 지방 정부의 보조금과 클러스터 조성도 병행하면서 매우 빠르게 로봇 산업을 키워나가고 있다.

중국의 로봇 산업은 기술적으로 부족함이 많지만, 정부의 정책과 자본으로 밀어붙이며 시장을 반강제적으로 키워나가는 중이다. 이는 흡사 10여 년 전 중국이 드론 산업을 육성할 때를 보는 것 같다. 당시 같은 방식으로 드론 산업은 중국이 전 세계 시장을 잠식하다시피 하게 되면서 DJI(중국의 드론 전문 제조사)는 중국 드론 산업의 핵심기업으로 성장했다. 이 같은 상황이 로봇 산업에서도 반복될지 귀추가 주목된다.

중국의 로봇 시장은 2025년 총 규모가 약 9.04억 달러(약 12조 원)에 이를 것으로 추정되며, 서비스 로봇 부문이 7.37억 달러로 전체의 80% 이상을 차지한다. 산업 로봇 부문은 2025~2033년 CAGR 6.1%로 성장해 2033년 16.5억 달러 규모로 확대될 전망이라는 것이 시장의 평가다.

특히 중국의 휴머노이드 로봇 시장은 폭발적 성장이 기대되는데, 2025년 RMB 179.55억 위안(약 24.7억 달러)으로 추정되며, 2030년까지 870억 위안(약 160억 달러)으로 5배 이상 증가할 것으로 시장은 전망한다. 이러한 성장의 배경으로 정부의 1조 위안 규모 투자 펀드와 보조금을 들 수 있다. 2025년 로봇 생산량은 42.9만 대로, 2015년 대비 523% 증가했으며, 글로벌 설치 비중도 51%로, 유럽과 미국을 합친 것보다 많다.

## 중국은 이미 수량 기준 전 세계 1위 로봇 설치 국가

중국은 크게 다음과 같은 3가지의 로봇 산업 육성을 위한 장기적인 정책을 펼치고 있다.

첫째, 'Made in China 2025(2015년 발표)'다. 중국의 제조업 강국 도약을 위한 핵심 정책으로, 로봇 산업을 '첨단 제조' 분야로 강조하고 있다. 당시 중국은 2025년까지 산업 로봇 사용량을 10배로 확대(현재 세계 최대 시장)하고, 핵심 부품(서보 모터, 감속기 등) 국산화율을 50% 이상으로 높이는 목표를 세웠다. 정부 보조금이 대폭 투입되어 2015년 46억 위안 규모에서 2025년에는 154억 위안 규모로 증가했는데, 이를 바탕으로 중국은 세계 로봇 시장의 50% 이상을 점유하게 되었다.

둘째, '14차 5개년 계획(2021-2025)'이다. 이는 'Made in China 2025'의 후속 정책이다. 로봇 산업의 '고급화·지능화'를 중점으로, 휴머노이드 로봇, 서비스 로봇 등 신흥 분야 개발을 촉진하려는 정책이다. 5대 과제(기초 연구 강화, 산업 클러스터 조성, 표준화, 인재 양성, 국제 협력)를 중심으로 하며, 2025년까지 로봇 관련 특허를 19만 건 이상 달성했다. 여기에 지방 정부(예: Shenzhen 6억 3천만 달러 정책 펀드)도 연계해 강력한 로봇 산업의 부스터 역할을 하고 있다.

셋째, '2035년 장기 비전'이다. 2025년 글로벌 혁신 허브를 이루고, 2035년 세계 로봇 리더가 되는 것을 목표로 한다. AI·빅데이터 통합 로봇 생태계 구축을 강조하며, 노인 케어·의료·물류 등 서비스 로봇을 확대한다는 정책이다.

중국은 이러한 3가지의 큰 장기적인 정책을 기본으로 내세우며, 단기적인 육성 정책들도 빠르게 내놓고 있다. 우선, 중국 정부는 2025년 3월 1조 위안(약 1,400억 달러) 투자 펀드 조성을 발표했다. 이는 NDRC 주도의 국가 벤처 캐피털 펀드로, 로봇·AI·고급 제조에 집중 투자한다. 휴머노이드 로봇 개발을 우선하며, 미국 추월을 위한 전략적 움직임을 목표로 한다. 이와 더불어 로봇 통합 기업에 최대 15억 위안의 보조금을 지급하는 등 사회 전반적인 로봇 산업 확대를 위한 인프라 조성 및 각종 정책들을 쏟아내고 있다.

## 1천 개가 넘는 중소 로봇 기업들이 중국 로봇 산업의 근간

중국 로봇 산업은 1천 개 이상의 기업이 활동중이며, 단순히 로봇 완제품의 생산에 그치지 않고 로봇 부품의 도소매거래도 활발하게 이루어지고 있다. 흡사 1990년 중반 우리나라의 용산 전자상가에서 모든 PC 관련된 부품들을 도소매로 거래하면서 그 자리에서 PC를 조립하고 윈도우 소프트웨어를 설치하는 것과 같은 수준의 로봇 부품 도소매 시장이 중국에 이미 형성되어 있는 상태다.

실제로 중국 심천시에는 세계 최초로 로봇 전문 매장이 생기기도 했는데, 주문 후 24시간 이내 모든 부품들이 도착해서 휴머노이드 로봇처럼 생긴 로봇을 조립할 수 있을 정도로 그 인프라가 잘 갖춰져 있는 것으로 알려져 있다. 이런 인프라를 기반으로 중국의 로봇 산업은 매우 빠른 속도로 발전하고 있다.

이런 식으로 중국 내 로봇 산업이 일상 생활로 전방위적으로 그 실체를 나타내기 시작하면서 로봇 거품론은 사라졌고, 이에 대한 투자로 자금이 몰리고 있다. 중국 시장조사업체 IT쥐쯔에 따르면 2025년 상반기 중국 내 휴머노이드 로봇 분야 펀딩은 모두 77건으로, 자금 조달 금액이 232억 위안(약 4조4,900억 원)에 달했다. 2024년 전체 로봇 펀딩 67건, 펀딩 금액 209억 위안을 모두 웃도는 수치다. 중국의 휴머노이드 로봇 스타트업 투자 열기가 지속되고, 확대되고 있는 것이다.

# 부문별 로봇 산업의 종류, 제대로 파악하자

로봇 산업의 카테고리는 서비스, 개인용, 산업용, 국방용, 의료용 로봇으로 구분된다. 현재는 서비스 로봇이 가장 큰 시장을 형성하고 있으며, 그 다음으로는 개인용 로봇이 차지하고 있다.

로봇의 종류는 최종 수요자에 따라 용도가 정해지는 것이 일반적이다. 최근 휴머노이드 로봇이 등장하면서 휴머노이드 로봇이 새로운 카테고리를 형성하고 있긴 하나, 현재까지의 로봇의 카테고리는 최종 수요의 용도에 따라 정해지는 것이 일반적이라 할 수 있다.

토봇의 카테고리는 정의하기 나름이지만, 크게 서비스, 개인용, 산업용, 국방용, 의료용으로 나뉜다. 2024년 설치 대수를 기준으로 하면 가장 큰 시장 규모는 서비스 로봇으로 약 41% 정도를 차지하며, 다음으로 개인용 로봇은 약 22%, 산업용은 14%, 국방용 13%, 의료용 10%로 시장 규모를 이루고 있다.

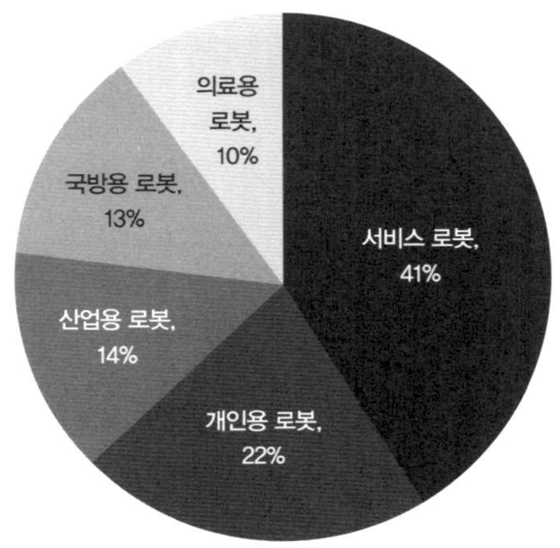



출처: IFR

　다만 아직까지는 로봇 산업이 명확한 카테고리로 정의되지 않고 있어서 어떤 기업의 가정용 로봇 청소기는 개인용으로, 또 다른 기업의 로봇 청소기는 서비스용으로 집계되는 등의 한계가 있어 정확한 시장 규모는 각 리서치 조사기업에 따라 크게 다르다는 점은 인지하고 있어야 한다.


## 시장의 절반 이상을 차지하는 서비스와 산업용 로봇

　서비스 로봇은 통상적으로 물류, 배송, 서빙 등의 용도로 사용되어 인간 생활이나 업무에 직접적으로 도움을 주는 로봇을 일컫는다.

개인용 로봇은 서비스 로봇 중에서도 '일반 소비자용(B2C)'으로 세분화해 분류하는 것이 일반적이다.

현재 가장 뜨거운 로봇인 휴머노이드 로봇은 아직 그 시장 규모가 매우 작지만, 서비스용 로봇으로 구분되는 것이 일반적이다. 2025년을 시작으로 2026년부터 본격적인 양산에 들어가며 본격적인 하나의 카테고리로 자리 잡을 것으로 예상된다.

여기서는 시장의 형태가 명확한 휴머노이드, 산업용, 의료용 로봇을 중심으로 다루고자 한다.

# 휴머노이드 로봇의 적정 가격이 수요를 촉발할 것이다

로봇의 가격은 사회 구성원의 시간당 임금과 밀접한 관계를 가지고 적정 가격을 형성할 것으로 보인다. 현재 인간의 노동력과 노동시간을 그대로 감안한다면, 최소 50만 달러가 적정 가격이 될 것으로 추정된다.

2024년 휴머노이드 로봇 시장 규모는 약 20억 달러로 집계되고 있으나, 현재 시장에서 집중하고 있는 휴머노이드 로봇이라기보다는 휴머노이드 로봇을 흉내내는 로봇의 시장 규모가 20억 달러였던 것으로 추정된다. 현재 시장에서 집중하고 있는 휴머노이드 로봇의 시장은 아직 형성도 되지 않은 상태이나, 이르면 2026년에 일부 모델들이 시장에서 상용화하면서 급속도로 시장이 팽창할 것으로 보인다. 휴머노이드 로봇 산업의 수요는 엄청난 기대감으로 공급이 수요에 부응하는 기능을 안정적으로 공급하고, 수요가 수긍할 만한 가격에 공급만 가능하다면 폭발적인 성장이 가능할 것으로 보인다.

그렇다면 자연스럽게 '시장 수요가 받아들일 수 있는 가격은 얼마인가'라는 의문이 제기된다. 대부분의 휴머노이드 로봇 개발 기업들은 향후 2~3년 내 대량 양산 체제를 구축함으로써 생산 단가를 급격히 낮출 수 있다고 자신 있게 주장하고 있다. 만약 생산 단가를 시장이 감당할 수 있는 수준 이하로 떨어뜨릴 수 있다면, 그 차익은 고스란히 기업의 이익으로 연결될 것이다. 결국 '합리적인 가격'이란 단순한 가격 포인트를 넘어 휴머노이드 로봇 산업의 성장을 촉발하는 핵심 트리거Trigger로 작용할 가능성이 크다.

미국 내 시간당 평균 임금은 2025년 7월 기준 약 36달러에 도달했다. 이는 지난 10년간 약 4.06%의 연평균 상승률을 보인 결과이며, 특히 코로나 팬데믹 이후 임금 인상 압력이 크게 확대되면서 상

**미국 내 7월 시간당 평균 임금 추이**

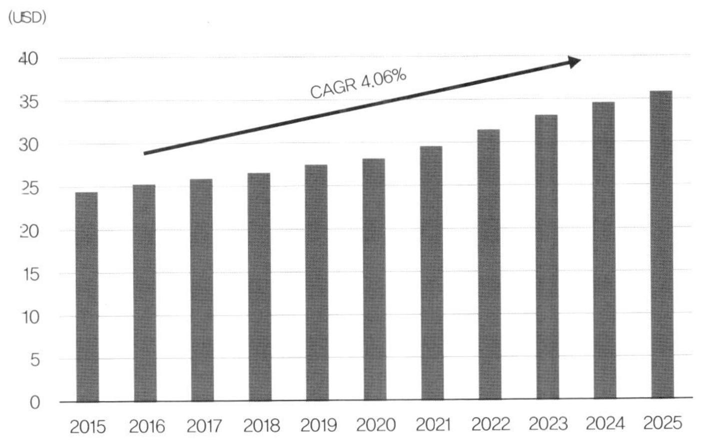


출처: 미국 노동통계국 BLS

승 추이는 더욱 가팔라졌다. 주목할 점은 이 수치가 복지 비용을 제외한 임금 기준이라는 사실이다. 실제 기업 입장에서 고용과 함께 부담해야 하는 복지·보험·세금 등을 고려하면, 2025년 현재 미국 내 노동력에 대한 실질 비용은 시간당 40달러 이상으로 추정된다.

또한 미국 경제의 구조적 문제로 자리 잡은 인플레이션 압력을 감안하면, 향후 임금은 추가적인 상승세를 이어갈 가능성이 크다. 이는 곧 제조업과 서비스업 전반에 걸쳐 인건비 부담을 가중시키며, 결국 자동화 및 휴머노이드 로봇 도입의 경제적 타당성을 강화하는 요인으로 작용할 것이다.

추론해보면 휴머노이드 로봇에 대한 시장 수요가 수용할 수 있는 가격은 인간 노동력을 대체했을 때 사용자가 지불해야 하는 총비용과 같거나 줄어드는 수준일 것이다. 물론 휴머노이드 로봇의 생산성이 인간 대비 얼마나 높은지가 또 하나의 중요한 3차 변수지만 우선 동일한 조건으로 비교해보자.

**미국 내 시간당 평균임금과 일일 근로시간에 따른 연간 노동자 임금 매트릭스**

|  | 40 | 60 | 80 | 100 | 120 | 140 |
|---|---|---|---|---|---|---|
| 4 | 40,000 | 60,000 | 80,000 | 100,000 | 120,000 | 140,000 |
| 6 | 60,000 | 90,000 | 120,000 | 150,000 | 180,000 | 210,000 |
| 8 | 80,000 | 120,000 | 160,000 | 200,000 | 240,000 | 280,000 |
| 12 | 120,000 | 180,000 | 240,000 | 300,000 | 360,000 | 420,000 |
| 16 | 160,000 | 240,000 | 320,000 | 400,000 | 480,000 | 560,000 |
| 24 | 240,000 | 360,000 | 480,000 | 600,000 | 720,000 | 840,000 |

주: X축 시간당 임금, Y축 일일 근로시간
출처: BLS

실질 비용(시간당 40달러)을 초과하는 숙련 노동자의 임금을 시간당 50달러로 가정하고 하루 8시간 기준으로 환산하면, 기업이 근로자 한 명에게 지불하는 비용은 연간 약 10만 달러 수준이 된다. 이 금액은 로봇을 사용할 경우 인간 노동력 비용과 유사해지는 지점이 되며, 휴머노이드 로봇의 합리적인 시장 가격대로 추정할 수 있다.

다만 이는 연간 지출되는 비용 관점이며, 기업이 로봇을 직접 구매해 재무제표에 반영할 경우에는 감가상각 개념이 적용된다. 국제회계기준(IFRS: International Financial Reporting Standards)에서 가장 흔히 사용하는 5년 정액법 상각을 적용하면, 매년 약 10만 달러의 비용을 분할 인식할 수 있다. 따라서 이 로봇의 적정 구매 가격은 약 50만 달러 내외가 되어야 인간 노동력 대체와 재무적 비용 측면에서 균형이 맞게 된다.

## 계속되는 가격에 대한 고민

휴머노이드 로봇의 적정 가격은 결국 '사용자가 로봇을 도입했을 때 지불하는 총비용(시간당 비용 혹은 연간 비용)이 인간 노동력과 같거나 더 낮아지는 수준'이라는 단순한 기준으로 정리할 수 있다. 다만 업종별·업무별로 노동의 숙련도와 시간당 가치가 달라지는 점이 중요한 변수로 작용한다. 예컨대 동일 인건비 기준에서 로봇의 일일 작동 시간이 '8시간 → 16시간 → 24시간'으로 늘어날수록 사용자는 로봇에 더 높은 초기투자를 감수할 수 있다. 이는 로봇의 가치는 '초기 가격'이 아닌 '총운영 비용 대비 생산성'으로 판단해야 함을 시사한다.

이러한 모든 상황을 고려해 미국 평균 임금 '시간당 40달러'를 기준으로 각 가격대에서 로봇을 도입했을 때의 '(1) 시간당 비용 절감액, (2) 연간 절약액, (3) 단순 회수기간(=로봇 가격÷연간 절감액)'을 시나

**미국 평균 임금에 따른 로봇 가격 회수 기간 시뮬레이션**

| 시나리오 | 연간 노동시간 | 구매비용 (USD) | 시간당 비용 (USD) | 인간 대비 시간당 절약액 (USD) | 연간 절약액 (USD/Yr) | 로봇가격 회수기간(연) |
|---|---|---|---|---|---|---|
| 단일교대 250일 근무 | 1,700 | 25,000 | 6.2 | 33.8 | 57,443 | 0.44 |
| | | 50,000 | 11.3 | 28.7 | 48,858 | 1.02 |
| | | 100,000 | 21.4 | 18.6 | 31,671 | 3.16 |
| | | 200,000 | 41.6 | −1.6 | − | |
| | | 300,000 | 61.8 | −21.8 | − | |
| 2교대 300일 근무 | 4,080 | 25,000 | 3.3 | 6.7 | 149,899 | 0.17 |
| | | 50,000 | 5.4 | 34.6 | 141,331 | 0.35 |
| | | 100,000 | 9.6 | 30.4 | 124,114 | 0.81 |
| | | 200,000 | 18.0 | 22.0 | 89,760 | 2.23 |
| | | 300,000 | 26.4 | 13.6 | 55,366 | 5.42 |
| 24시간 365일 근무 | 7,446 | 25,000 | 2.3 | 37.7 | 280,714 | 0.09 |
| | | 50,000 | 3.5 | 36.5 | 272,077 | 0.18 |
| | | 100,000 | 5.8 | 34.2 | 254,877 | 0.39 |
| | | 200,000 | 10.4 | 29.6 | 220,551 | 0.91 |
| | | 300,000 | 15.0 | 25.0 | 186,150 | 1.61 |

주: 인건비 시간당 40달러, 감가상각 5년, 유지보수비용 8%, 전기+감독비용 시간당 1.15달러

리오별(8h/16h/24h)로 계산해보았다.

이 표를 기준으로 보면, 10만 달러짜리 로봇을 단일 교대(주 5일, 연간 250일)에 투입할 경우 시간당 로봇 운용 비용은 약 21.4달러로 계산된다. 이는 인간 대비 시간당 약 18.6달러의 절감 효과를 가져오며, 연간으로는 약 31,671달러의 비용 절감이 가능하다. 이때 로봇을 5년 정액법으로 감가상각하고, 유지보수 비용(로봇 가격의 8%), 전기료, 그리고 로봇의 정상 동작을 감독하는 인건비까지 반영한다면 로봇 가격을 회수하는 데 걸리는 기간은 약 3.16년이 된다.

반면 동일한 가격의 로봇을 2교대(연 300일)로 가동할 경우 회수 기간은 약0.81년(10개월)으로 대폭 단축된다. 더 나아가 365일 24시간 가동을 전제로 한다면, 회수 기간은 0.39년(약 4개월)에 불과하다.

아직은 상용화된 휴머노이드 로봇의 가격과 성능이 명확하게 시장에 공개되지 않아 단정적으로 판단하기는 어렵다. 그러나 주요 기업들이 2026년에 목표로 제시한 가격대와 기술 수준을 감안할 때, 휴머노이드 로봇이 실제 산업 현장을 넘어 일상생활 속으로 들어올 날이 머지않았다고 평가할 수 있다.

# 투자 가치가 높은 휴머노이드 로봇 기업 TOP 8

다가올 3년, 주식시장을 이끌고 갈 휴머노이드 로봇 기업 TOP 9을 소개한다. 이 기업들의 가치는 지속적으로 오를 것이며, 투자하기에 유망하므로 주식 투자자라면 반드시 주목하기 바란다.

## 테슬라: 옵티머스의 계속되는 진화

사실 휴머노이드 로봇은 아주 오래전부터 시장에 존재했지만, 지금처럼 이렇게 시장의 뜨거운 관심을 받게 된 데는 테슬라가 매우 높은 지분을 가지고 있기 때문이라고 해도 과언이 아니다. 모델 S$^{Model\,S}$로 전기차 시장의 문을 열고 모델 3$^{Model\,3}$의 놀라운 가격 경쟁력으로 시장을 확대시킨 테슬라의 저력을 경험했기 때문일 것이다.

테슬라가 처음 옵티머스$^{Optimus}$를 선보인 것은 2021년인데 사실 당시만 하더라도 보스턴 다이내믹스$^{Boston\,Dynamics}$ 같은 선두권 로봇 업체들 대비 눈에 띄는 기능이나 경쟁력은 없었다. 하지만 몇 년이 지난 지금 일론 머스크는 옵티머스를 1만 달러대에 생산해서 2만 달러에 팔겠다고 선언했고, 이 발언은 휴머노이드 로봇 시장, 특히 옵티머스에 대한 관심의 폭발적인 증가로 이어졌다.

테슬라의 행보에 시장의 관심이 쏠리는 이유는 테슬라가 이미 자율주행 자동차 분야에서 독보적인 기술력을 가지고 있기 때문이다. 궁극적으로 휴머노이드 로봇의 동작원리는 자율주행차와 같다. 센서가 장애물을 인식해 피하고 모터를 구동시켜 인간이 원하는 행동을 해야 한다는 점, 바로 이것이 자율주행 자동차와 휴머노이드 로봇의 공통점이기 때문이다. 테슬라가 경쟁업체보다 훨씬 뒤늦게 시장에 진입했지만 누구보다 기대받는 것도 바로 이 때문이다.

테슬라의 옵티머스는 2021년 AI데이에서 그 개념이 처음 공개되었다. 당시만 하더라도 뜬금없는 로봇이었고, 막연하게 먼 미래의 장기적인 계획으로 여겨졌다. 하지만 바로 다음 해에 범블비라는 이름으로 파일럿 모델을 들고 나왔고, 또다시 6개월 만에 옵티머스 1세대라는 정식 모델을 세상에 공개했다. 그리고 2023년 12월, 사실상 하드웨어적으로는 완성형 모델인 옵티머스 2를 발표하는 등 매우 빠른 행보를 보였다. 이후 2024년에 테슬라 공장에 시험배치를 하고, 자율주행 택시를 발표하는 행사에 대거 투입시키는 등 차세대 제품으로 옵티머스를 부각시키고 있다.

테슬라 옵티머스는 인간 중심 환경에서의 범용 작업을 위해 설계된 로봇으로, 그 제원은 이러한 목적을 명확히 반영한다. 초기 공개된 제원에서는 신장 173cm에 무게 73kg이었으나, 2세대 모델은 무게가 57kg으로 경량화되었다. 이 경량화는 단순한 설계 개선을 넘어 '에너지 효율성 및 안전성 향상'이라는 뚜렷한 목표를 반영한다. 로봇의 무게가 감소하면 보행 및 움직임에 필요한 전력이 줄어들어 배터리 수명이 연장되며, 이는 더 긴 작업 시간을 확보하는 데 기여한다. 또한 인간과 함께 작업하는 환경에서 충돌 발생 시 충격량이 줄어들어 안전성이 높아진다. 이는 하드웨어의 개선이 상용화 단계에서의 핵심 경쟁력인 효율성과 안전성으로 이어진다는 점을 보여준다.

옵티머스는 테슬라가 자체 개발한 28개의 액추에이터<sup>Actuator</sup>를 탑재하며, 최신 정보에 따르면 총 40개의 자유도와 손 하나 당 11개의 자유도를 갖는다. 이는 손의 섬세한 조작 능력을 전략적으로 중요하게 고려했음을 의미한다.

옵티머스의 AI 및 소프트웨어 전략은 특히 주목할 만하다. 이 로봇은 테슬라의 자율주행(FSD: Full Self-Driving)과 동일한 비전 AI 시스템에 연결되어 환경을 인식한다. 훈련 전략 또한 모션 캡처 방식에서 작업자의 영상 데이터를 활용하는 방식으로 전환되었는데, 이는 단순히 데이터를 더 효율적으로 수집하는 것을 넘어 로봇의 지능을 근본적으로 향상시키려는 테슬라의 비전 중심 AI 철학을 반영한다.

기존 모션 캡처는 정교한 동작을 모방하는 데는 효과적이지만 예측 불가능한 환경에 대한 일반화 능력은 떨어진다. 반면 비전 데이터를 통한 학습은 로봇이 주변 환경을 시각적으로 인식하고, 이를 바탕으로 자율적으로 행동을 계획하고 수정하는 능력을 키운다. 이는 운전자가 없는 자율주행차처럼 외부 조작 없이 스스로 판단하고 작업을 수행하는 '범용성'을 목표로 하는 테슬라의 장기적인 로드맵과 완벽하게 일치한다.

## 보스턴 다이내믹스: '코봇'으로 진화중인 아틀라스

보스턴 다이내믹스는 1992년 미국의 메사추세츠주 월섬에 본사를 둔 로봇 공학 기업이다. MIT 공대 출신 마크 라이버트 교수가 설립했다. 로봇의 동적 보행 및 이동 로봇 연구 분야에서 세계적으로 유명한 기업이다.

2000년 초반 DARPA(Defense Advanced Research Projects Agency, 미국 국방부 산하 첨단 연구·개발 기관)의 지원을 받아 군사용 로봇, BigDog, LS3 등을 개발하면서 성과를 나타냈다. 2013년 구글X(구글의 장기 미래사업만을 위한 투자를 하는 일종의 SPC)의 로보틱스 부서에 인수되어 구글의 로봇과 AI사업 확장의 선두주자 역할을 했다.

하지만 2017년에 갑작스럽게 소프트뱅크에 매각되었는데 당시의 매각이 너무 갑작스럽고 전격적이었기 때문에 업계에서는 상당히 당황했다. 특히 구글이 미래 산업의 핵심이라고 생각되는 로봇 회사를 매각해버렸기 때문에 보스턴 다이내믹스 내부적 문제가 심각하거나, 로봇 산업에 매우 회의적이 아니냐는 등 다양한 의견들이 쏟아졌다. 일부에서는 구글의 이 매각이 그 이듬해에 있었던 혼다의 휴머노이드 로봇 사업 포기에도 영향을 주었다고 평가하는 의견도 있다.

소프트뱅크는 이 보스턴 다이내믹스를 기반으로 로봇 및 인공지능 분야에 대한 투자를 확대했으나 2020년 코로나 팬데믹을 겪으면서 소프트뱅크는 보스턴 다이내믹스의 지분 80%를 현대차 그룹에 11억 달러에 매각했다. 이 당시의 소프트뱅크는 위워크(Wework, 미국의 공유오피스 기업) 등에 대규모 자금을 투자했으나 코로나 팬데믹을 겪으면서 유동성에 문제를 겪게 되면서 보스턴 다이내믹스를 급하게 매각한 것으로 추정된다.

현대차 그룹에 인수된 보스턴 다이내믹스는 본격적으로 현대차의 스마트 모빌리티, 물류 자동화, 산업 로봇 분야로 사업을 자연스럽게 확장해나갔다. 많은 자동차 회사들과 휴머노이드 로봇들과의 전략적 협업 관계를 감안하면 현대차 그룹의 보스턴 다이내믹스의 인수는 그간 갈피를 못 잡았던 보스턴 다이내믹스 입장에서는 다시 한번 도약할 수 있는 계기가 된 셈이다. 현재 보스턴 다이내믹스는 대표 휴머노이드 로봇인 아틀라스Atlas에 모든 역량을 집중하고 있다.

아틀라스는 휴머노이드 로봇 분야에서 가장 극적인 기술적 진화 과정을 보여주는 로봇이다. 보스턴 다이내믹스는 2011년에 아틀라스의 전신인 펫맨PETMAN을 개발했다. 군사용으로 개발된 모델이지만 사람처럼 걷고 웅크리고 자세를 잡을 수 있는 완전한 휴머노이드 형태를 갖추고 있어 여타 경쟁사들보다 기술이 앞서 있었음을 보여준다. 이후 보스턴 다이내믹스는 2013년에 아틀라스의 초기 모델을 공개했는데, 전선에 연결된 유압식 로봇이어서 현재의 전기식 모델과는 다소 차이가 있었다.

초기 모델은 유압식이었기 때문에 신장 6피트(183cm), 무게 330파운드(150kg)로 크고 무거웠다. 이후 많은 변화를 겪으며 2024년 4월에 보스턴 다이내믹스는 유압식 아틀라스를 단종하고 완전히 새로운 전기식 모델을 공개하며 기술 패러다임의 변화를 선언했다. 새로운 아틀라스는 유압 시스템을 고출력 전기 액추에이터로 교체해 더 조용하고 효율적인 작동이 가능해졌다.

또한 몸통, 허리, 목 관절이 360도 회전하는 등 인간의 동작 범위를 초과하는 능력을 갖추게 되었다. 전기식으로의 전환은 더이상 '놀라운 동작'이 아닌 '상업적 효용성'에 초점을 맞추겠다는 전략적 결정이다. 이는 휴머노이드 로봇이 연구개발 단계를 넘어 실제 산업에 투입되는 시대가 왔음을 의미한다.

아틀라스 로봇이 가지고 있는 뛰어난 동적 균형, 고도로 정교한 움직임, 전기식 관절 시스템 특징들은 여타 휴머노이드 로봇과 비슷했지만, 라이다LIDAR를 통해 주변 환경의 3차원 지도를 만들고 스테레오 카메라를 통해 물체와 지형을 인식하는 능력을 가진 것이 또 하나의 강력한 특징이다. 이를 통해 장애물을 피하고, 정교하게 물건을 조작할 수 있게 된다. 이는 로봇의 상업적 적용을 위한 하드웨어 기반을 제공하며, 특히 물류 및 제조 환경에서 인간과 협력하는 '코봇Cobot'으로의 진화를 예고하고 있다.

# 애질리티 로보틱스 디짓: 검증된 물류 전문 로봇 기업

애질리티 로보틱스[Agility Robotics] 디짓[Digit]은 물류 및 창고 자동화에 특화된 휴머노이드 로봇이다. 2023년에는 아마존의 물류 창고에 투입되어 테스트를 치렀고, 2024년에는 GXO로지스틱스 물류센터까지 상용화되어 투입되었다. 사실상 현 시점에서 대량 양산되어 부가가치를 창출하는 거의 유일한 휴머노이드 로봇이라고 볼 수 있다. 애질리티 로보틱스의 CEO는 지금은 10달러 수준이지만 장기적으로 디짓이 시간당 2달러대로 물류센터에 노동력을 공급할 수 있을 것이라고 공언하고 있다.

디짓은 신장 175cm 또는 180cm로 성인 남성과 유사한 크기를 지향하며, 무게는 출처에 따라 37kg, 65kg, 76kg 등 큰 차이를 보인다. 이는 다양한 프로토타입이나 세대별 모델의 제원일 가능성이 높으며, 최신 모델의 무게는 65kg 전후로 추정된다. 디짓은 총 28개의 자유도를 갖추고 있으며, 각 팔은 3개의 자유도를 갖는다.

디짓의 가장 독특한 특징은 타조과 같은 '역관절 다리' 디자인이다. 이는 인간형의 보행 효율성을 넘어선 기능적 최적화를 추구한다. 인간형 다리는 걷기와 조작에 유리하지만, 무거운 하중을 안정적으로 지탱하는 데는 비효율적일 수 있다.

반면 디짓의 역관절 다리는 안정적이고 효율적인 하중 지탱 및 이동에 특화되어 있어 '물류 및 창고 작업'이라는 명확한 목적에 부합하도록 설계되었다. 즉 '인간처럼' 보이기보다 '인간의 일을 효율적으로' 수행하는 데 중점을 둔 설계 철학을 보여준다.

애질리티 로보틱스는 이미 2023년에 연간 최대 1만 대의 로봇을 생산할 수 있는 공장 로보팹RoboFab을 설립했는데, 이 역시도 상업화 전략의 일환이다. 실제로 자사의 홈페이지에서 디짓을 판매하고 있는데, 투입되는 공장 여건에 대한 자세한 질문을 받고 이에 맞는 스펙의 디짓을 판매 또는 구독형(RaaS: Robots-as-a-service) 서비스로 제공하고 있다.

## 피겨 AI: 대량 양산 캐파까지 준비된 로봇 기업

피겨 AIFigure AI는 2022년 캘리포니아주 산호세에 기반을 두고 설립된 휴머노이드 로봇 전문 기업이다. 2024년 2월 아마존의 제프 베이조스, 마이크로소프트, 엔비디아, 인텔, 오픈AI와 같은 대형 기업들로부터 6.75억 달러의 자금을 조달하면서 시장의 관심을 끌었다.

이 당시 기업가치는 약 26억 달러였다. BMW와 협력해 제조시설에 휴머노이드 로봇을 배치하기 시작했으며, 오픈AI와 로봇에 특화된 AI 모델을 구축하기 위한 파트너십을 맺었다. 그러나 피겨 AI는 대규모 언어 모델LLM이 "더 똑똑해지면서 더 상용화되고 있다"라고 언급하면서 오픈AI와의 협력은 종료된 상태다.

피겨 AI는 2025년 3월 연간 캐파 기준으로 1만 2천 대의 휴머노이드 로봇이 생산 가능한 봇큐$^{BotQ}$ 제조시설을 발표하며 대량 양산 준비가 완료되었음을 과시했다. 재미있는 사실은 홈페이지에 공개한 피겨 AI의 제조공정 영상에서는 야스카와전기$^{Yaskawa}$와 아세아 브라운 보베리$^{Asea Brown Boveri}$의 산업용 로봇을 통해 휴머노이드 로봇을 제조한다는 점이다.

피겨 AI는 2024년 3월 오픈AI와 협업으로 만든 피겨 01$^{Figure 01}$을 공개했는데, 공개 당시 "스스로 시각적 경험을 묘사하고, 다음 행동을 계획할 수 있으며, 기억을 반영해 자기 생각을 논리적으로 설명할 수 있다"라고 발표했고, 이런 능력을 바탕으로 BMW의 생산라인에 투입되었다.

이후 피겨 AI는 2024년 8월에 피겨 02$^{Figure 02}$를 공개했는데, 당시 AI 기능은 발표되지도 않았고 보행 동작의 부자연스러움으로 실망스럽다는 평가를 받았었다. 그러나 오픈AI와 협력해 개발한 만큼 대화 기능이 포함되었고, 16개의 자유도를 가진 다섯 손가락을 가진 손, 최대 25kg의 운반 능력을 갖추고 있는 점이 특징이다.

피겨 02의 후속모델인 헬릭스$^{Helix}$는 35개의 자유도와 2개의 로봇을 동시에 제어할 수 있는 비전-언어-행동 신경망인 Helix VLA를 갖추고 있다.

또한 광범위한 사전 훈련 없이 상호 작용이 가능한 수준까지 기능이 업그레이드되면서 향후 생산라인에 투입되어 로봇을 감독하는 로봇으로의 역할까지 수행이 가능한 수준까지 성장했다.

## 앱트로닉: NASA로부터 인정받은 기술력

앱트로닉Apptronik은 2016년 텍사스 대학교 오스틴 캠퍼스의 인간 중심 로봇 공학 연구실의 스핀아웃으로 설립되었다. NASA와 약 10년간 우주 탐사로봇 발키리Valkyrie 프로젝트를 진행하며 역량을 키웠고, 이를 기반으로 아폴로Apollo라는 상용 휴머노이드 로봇을 개발했다. 2025년 2월에 3.5억 달러의 투자 유치에 성공했는데, 여기에 구글이 포함되면서 시장의 주목을 끌었다. 보스턴 다이내믹스를 매각한 이력이 있기 때문에 구글의 로봇 기업 투자는 시장의 관심을 끈다.

앱트로닉의 휴머노이드 로봇 아폴로는 신장 173cm에 무게는 72.6kg이며, 약 25kg의 적재 중량을 갖는다. 아폴로의 설계는 안전과 범용성에 초점을 맞춘다. 특히 '힘 제어 아키텍처force control architecture'와 '주변 구역Perimeter Zone' 및 '충돌 구역Impact Zone'과 같은 안전 시스템은 인간 작업자와의 안전한 협업을 최우선으로 고려한 결과다. 이는 로봇의 성능뿐만 아니라 '안전한 협업'이 상업화 성공의 필수 조건임을 보여주며, 물류 및 제조 산업에서 인력 부족 문제를 해결하는 것을 주요 목표로 하고 있다. NASA와의 협업은 물론, 물류 기업 GXO에서도 파일럿 프로젝트를 진행하면서 창고 및 유통센터에서의 인간을 보조하는 형태의 솔루션을 개발했다. 이 외에도 자빌Jabil과의 협업을 통해 아폴로를 제조라인에 도입했다. 더불어 벤츠의 독일 및 헝가리 공장에서 부품 이송, 품질 검사들의 제조 업두 테스트를 하며 다양한 레코드를 쌓고 있다.

## 생추어리 AI: 아르바이트중인 휴머노이드 로봇

생추어리 AI[Sanctuary AI]는 2018년 캐나다 밴쿠버를 기반으로 설립되었다. 피닉스[Phoenix]라는 휴머노이드 로봇과 이를 제어하는 AI시스템인 카본[Carbon]을 개발했다.

피닉스는 신장 170cm, 무게 70kg, 적재 중량 25kg의 제원을 갖추고 있는데, 인간 두뇌의 하위 시스템(기억, 감각 지각 등)을 시뮬레이션하는 카본 AI를 통해 새로운 작업에 적응하고 학습할 수 있도록 설계되었다. 이는 로봇이 특정 작업에 미리 프로그래밍되거나 제한된 학습을 거치는 기존 방식과 차별화된다.

카본 AI는 상징적 추론과 신경망 추론을 통합해 인간의 인지 능력을 모방함으로써, 더 넓은 범위의 작업을 자율적으로 수행할 수 있는 잠재력을 갖는다. 즉 피닉스에 탑재된 촉각 센서를 카본AI가 제어하면서 시야가 가려진 상황에서도 물체를 세밀하게 다룰 수 있는 기술인 셈이다. 이런 기술은 딸기 수확, 외과 수술, 폭발물 해체 같은 섬세함이 요구되는 분야로의 확장도 가능하게 해준다.

이러한 기술을 기반으로 피닉스는 캐나다 내의 Mark's 매장에서 Picking, 포장, 정리, 태그 부착, 접기 등의 백오피스와 프런트 관련 110개가 넘는 작업을 성공적으로 수행했다. 더불어 캐나다 기반의 자동차 부품 전문기업인 마그나[Magna]와 전략적 협력 관계를 맺고 제조 라인에 로봇을 배치해 비용 및 확장성 분석을 진행중이며, 이 과정에서 마그나는 생추어리 AI에 전략적 지분 투자를 실시했다.

## 1X: 가정용 가사 노동을 대체할 휴머노이드 로봇

1X는 2014년 노르웨이의 로봇 공학자인 베른트 외이빈드 뵈르니히Bernt Øivind Børnich가 '할로디 로보틱스Halodi Robotics'라는 이름으로 설립했다. 2022년에 '1X 테크놀로지스'로 사명을 바꾸고 가정용 휴머노이드 로봇 개발로 초점을 전환하며 시장에서 본격적으로 주목받기 시작했다. 회사의 초기 목표는 산업 및 의료 로봇을 위한 안전한 구동기actuators와 전신 제어 시스템을 개발하는 것이었지만, "안전하고 지능적인 안드로이드를 통해 전 세계에 풍부한 노동력을 제공한다"는 목표 아래 AI와 로봇 공학의 경계를 확장하고 있다.

2023년 3월 1X는 오픈AI 스타트업 펀드가 주도한 시리즈 A2 펀딩에서 2,350만 달러(약 300억 원)를 유치하며 로봇 업계의 주목을 받았으며, 2024년 1월에는 삼성 넥스트Samsung NEXT를 포함한 투자자들이 참여한 시리즈 B 펀딩에서 1억 달러(약 1,300억 원)를 추가로 유치하며 휴머노이드 로봇 개발에 박차를 가하고 있다.

1X의 주력 로봇은 이브EVE와 네오NEO인데, 이브는 바퀴 달린 휴머노이드 로봇이며, 네오는 이족 보행 휴머노이드 로봇이다. 이브는 주로 물류·보안·경비 등 산업 현장에서의 업무를 위해 설계되었는데, 실제 환경에서 AI 모델을 훈련하고 데이터를 수집하는 데 중점을 두고 있다. 2020년에는 미국 상업용 보안 업체인 ADT와 파트너십을 맺고, 건물 야간 경비 임무를 위해 이브를 배치했다.

네오는 이브의 다음 세대 모델인데, 가정 환경에서 사람들을 돕는

데 특화된 로봇이다. 무질서하고 예측 불가능한 가정 환경에서 일상적인 가사 작업 수행을 목표로 한다. 1X는 2024년 8월에 네오 베타 버전을 공개하고 실제 가정에서 테스트를 시작했는데, 사실상 상용화 단계까지 진입했다고 평가받고 있다. 2025년에는 베타의 업그레이드 모델인 감마를 발표했는데, 자연스러운 보행과 대화인식이 가능하고 내장 AI가 강화된 모델이다. 내장 AI의 경우 엔비디아 GR00T N1 메타모델을 활용했다.

네오의 제원은 신장 165cm, 무게 30kg으로 비교 대상 로봇들 중 가장 가벼운 축에 속한다. 부드러운 디자인과 가벼운 무게는 사람과의 안전한 상호작용을 최우선으로 고려한 결과다. 산업용 로봇은 강성과 내구성이 중요하지만, 가정용 로봇은 충돌 시 위험을 최소화해야 한다. 또한 전통적인 액추에이터의 시끄러운 소음과 달리, 네오는 거의 소리가 나지 않는 작동 방식을 채택해 생활 환경에 자연스럽게 녹아들기 위한 핵심 요소를 갖추고 있다.

## 유비테크: 이미 대규모 수주를 마친 상황

유비테크 로보틱스UBtech Robotics는 2012년에 설립된 중국 최대의 휴머노이드 로봇 기업이다. 초창기에는 가정용 로봇에 집중하며 교육용 로봇 키트와 엔터테인먼트 로봇을 주로 만들었으나, 텐센트 등 여러 주요 투자사로부터 대규모 투자를 받으며 산업용·상업용 로봇으로 사업 영역을 확대해나갔다. 2023년 12월 중국 최초로 휴머노이드 로봇 기업으로서 홍콩 거래소에 상장되었다. 상장 이후 주가는 323HKD(시가총액 1545억HKD, 한화 약 27.5조 원)까지 상승하면서 휴머노이드 로봇에 대한 기대감을 키웠다.

현재 유비테크는 소비자용·교육용·물류용·맞춤형 로봇이 매출의 37%·28%·25%·11%를 차지한다. 로봇 종류별로는 2025년 상반기 기준 휴머노이드 로봇이 전체 매출의 40% 이상을 차지하는 것으로 평가된다. 기술이 고도화된 휴머노이드 로봇 매출은 향후 맞춤형 로봇 사업부에 기여할 예정이고, 현재 해당 사업부의 매출은 사무실, 호텔, 공항 등에서 쓰이는 단순한 로봇 제품으로부터 발생하고 있다.

유비테크가 처음 휴머노이드 로봇을 공개한 시점은 테슬라(2022년), 애질리티 로보틱스(2022년), 피겨 AI(2023년)보다 빠른 2019년이었으나, 일정 수준의 기능을 갖춘 모델은 2024년에 출시된 워커 S<sup>Walker S</sup> 시리즈부터다.

유비테크 워커 S는 높은 자유도와 자율 배터리 교체 시스템이 특징인 로봇이다. 워커 S의 자율 배터리 교체 시스템<sup>hot-swap</sup>은 휴머노이드 로봇의 상업적 효용성을 극적으로 높이는 혁신이다. 대부분의 로봇은 짧은 배터리 수명(2~5시간)으로 인해 충전중에는 작업이 중단된다. 반면 워커 S는 배터리 용량이 20% 미만으로 떨어지면 스스로 충전소로 이동해 3분 안에 배터리를 교체할 수 있다. 이는 24시간 연속 가동을 가능케 해, 작업 효율성을 극대화하고 인력 배치 계

**유비테크가 발표한 휴머노이드 로봇 수주 요약**

| 계약 시기 | 고객사 | 계약 내용 | 규모 | 비고 |
|---|---|---|---|---|
| 2025년 9월 | 중국의 주요 기업 | Walker S2 및 솔루션 공급 | 약 2.5억 위안 (약 460억 원) | 전 세계 휴머노이드 로봇 단일 계약으로는 역대 최대 규모 |
| 2025년 8월 | BYD, Geely Auto 등 | 2024년 계약의 확대 Walker S 시리즈 | 총 4억 위안 (500대 이상) | 시범 훈련 배포 확대 |
| 2025년 7월 | 미공개 | Walker S2 및 솔루션 공급 | 약 1억 위안 (약 185억 원) | 최대 계약 규모 갱신 |
| 2025년 7월 | 미이 자동차 | Walker S 공급 | 약 9,051만 위안 (약 168억 원) | 당시 상업용 휴머노이드 로봇으로는 단일 계약 최대 규모 |
| 2025년 3월~ | 연구 및 교육 기관 | Tiangong Xingzhe 휴머노이드 로봇 공급 | 총 100대 이상 (누적) | 출시 6개월 만에 100대 이상 주문 달성 |
| 2024년 | 폭스콘, SF Express 등 | 산업용 로봇 솔루션 (Walkers 등) 공급 | 매출 1.4억 위안 | 산업용 로봇 사업으로 본격 확장 |
| 2024년 | BYD, Geely Auto 등 | Walker S 로봇을 활용한 공장 테스트 및 협력 | – | 주요 자동차 제조업체들과의 파트너십 구축 |

출처: 유비테크, 언론 취합

획을 단순화한다. 이러한 기술은 단순한 기능적 개선이 아니라 로봇의 총 소유비용$^{TCO}$과 생산성에 직접적인 영향을 미치는 비즈니스 모델 혁신으로 평가할 수 있다.

워커 S의 신장은 162cm에서 176cm 사이로 가변적이며, 무게는 43kg으로 비교적 가벼운 편이다. 총 52개의 높은 자유도를 자랑하며, 손 하나 당 11개의 자유도를 갖는다.

유비테크 기업의 가장 큰 특징은 전 세계 휴머노이드 로봇 기업들 중 가장 빠르게 상용화, 즉 매출을 일으키고 있다는 점이다. 물론 기업의 발표에 있어 거래의 상대방과 금액을 구체적으로 명시하지 않고 있어 그 신뢰성에 대한 의문을 제시하는 의견도 있다. 그러나 일단은 상당한 금액의 로봇들의 주문을 수주하고 있는 것처럼 보인다. 2025년 실적에 대한 부분이 구체적으로 잡힌 2026년 1분기에는 기업이 발표한 수주들이 실제로 얼마나 달성되었는지 확인 가능할 것이다.

## 유니트리: 중국의 휴머노이드 로봇의 2인자

유니트리 로보틱스Unitree Robotics는 2016년 중국 항저우에서 왕싱싱Wang Xingxing에 의해 설립되었다. 보스턴 다이내믹스와 마찬가지로 사족 보행 로봇 분야에 집중하며 빠르게 성장했다. 특히 저렴한 가격으로 고성능 로봇을 대중화하는 데 성공하며 로봇 기술의 접근성을 높이는 데 기여했다. 설립 초기에는 주로 연구 기관이나 학교에 로봇을 공급하며 기술력을 쌓았고, 이후 일반 소비자 시장으로 확장하며 인지도를 높였다.

유니트리는 중국의 로봇 산업 붐과 정부 지원('Made in China 2025')을 활용해 글로벌 시장에서 약 50% 저렴한 가격(최저 1만 6천 달러)으로 보스턴 다이내믹스와의 경쟁구도에서도 독보적인 입지를 구축해나가고 있다. 회사측의 자료에 따르면 2024년 기준 사족보행 로봇의 매출 비중은 65%, 휴머노이드 로봇의 매출 비중은 30%를 차지한 것으로 나타났다.

**글로벌 주요 휴머노이드 모델들의 제원 요약**

| 제조사 | 모델 | 신장 (cm) | 무게 (kg) | 총 자유도 | 손 자유도 | 적재 중량 (kg) | 최고 속도 (m/s) |
| --- | --- | --- | --- | --- | --- | --- | --- |
| 테슬라 | 옵티머스2 | 173 | 57 | 40 | 11 | 20 | 2.24 |
| 애질리티 | 디짓 | 175 | 65 | 28 | N/A | 16~18 | 1.4~1.5 |
| 피겨 AI | 피겨 01 | 170 | 60 | 45 | 20 | 20~25 | 1.2 |
| 유비테크 | 워커 S | 170 | 60 | 41 | 13 | N/A | 2 |
| 앱트로닉 | 아폴로 | 173 | 72 | 12 | N/A | 25 | N/A |
| 생추어리 AI | 피닉스 | 170 | 70 | 20 | N/A | 25 | 1.34 |
| 1X | 네오 | 175 | 75 | 28 | N/A | 20 | 1.1~3.3 |
| Fourier | GR-1 | 165 | 55 | 40 | 12 | 3 | 1.4 |
| BostonDynamics | 아틀라스 | 150 | 89 | 28 | N/A | N/A | 2.5 |
| 유니트리 | G1 | 127 | 35 | 43 | N/A | 2 | 2 |
| 레인보우 로보틱스 | Hubo2 | 120 | 43 | 38 | N/A | N/A | 1 |
| XiamiRobotics | CyberOne | 177 | 52 | 21 | N/A | | |

출처: 각 사 발표 언론 취합 자료     (N/A 정보 없음)

유니트리의 대표적인 휴머노이드 로봇의 모델은 G1과 H1가 있는데, G1은 2만 달러 이하의 보급형 제품이고, H1은 9만 달러 이상의 상업용 휴머노이드 모델이다. 유니트리는 이 두 모델을 통해 '크기'와 '성능'에 따라 명확하게 시장을 분할하는 전략을 보여준다. G1은 신장 127cm에 무게 35kg의 컴팩트한 로봇으로, 총 자유도는 모델에 따라 23개에서 43개까지 다양하다. 비교적 저렴한 가격으로 연구, 교육, 가벼운 산업용 시장을 목표로 한다.

H1은 신장 180cm, 무게 47kg의 풀사이즈 로봇으로, '세계 기록'을 보유한 시속 3.3m/s의 보행 속도를 자랑한다. H1은 뛰어난

보행 속도와 강력한 관절 토크(360Nm)를 기반으로 더 고도화된 산업 및 물류 시장을 겨냥한다. 이는 특정 로봇 모델이 모든 용도를 충족하기보다 각기 다른 하드웨어 플랫폼으로 시장의 다양한 요구를 충족시키는 유니트리의 다각화 전략을 보여준다.

유니트리는 2020년 이후 연속 흑자를 유지하면서 로봇 업계에서 독보적인 수익성을 보이고 있는 것으로 회사측에서는 발표했다. 2024년 매출액은 10억 위안(약 1.4억 달러)을 상회했고, 2025년 상반기는 약 7억 위안(9,800만 달러)을 달성한 것으로 추정된다.

이 같은 실적을 기반으로 유니트리는 2025년 4분기중에 상장을 신청할 예정이며, 2026년 상장을 목표로 기업 공개를 준비중인 것으로 알려졌다.

# 산업용 로봇 역시
# 주목해야 한다

산업용 로봇은 산업 현장에서 인간이 할 수 없거나, 반복적으로 해야 하는 생산성이 떨어지는 부분에 투입되는 로봇을 말한다. 코로나 이후 급격한 성장을 기록했으나, 최근에는 기업들의 투자가 정체되며 성장이 둔화되고 있다.

산업용 로봇은 전통적인 로봇 시장의 기반이며, 제조 공정에서 반복적이고 정밀한 작업을 수행하는 로봇을 총칭한다. 특히 최근에는 안전 펜스 없이 인간과 같은 공간에서 작업할 수 있도록 설계된 '협동 로봇Cobot'의 성장이 두드러진다. 협동 로봇은 프로그래밍이 비교적 간단해 중소기업의 로봇 도입 장벽을 낮추는 핵심 요인으로 평가받고 있다.

국제로봇연맹의 자료에 따르면 산업용 로봇 시장은 2025년 220억 달러 수준으로 추정되며, 2032년까지 연평균 약 14%의 성장률을 기록하면서 약 560억 달러 시장에 달할 것으로 전망하고 있다.

일부 전망치는 그런 전망의 두 배에 달하는 1천억 달러 시장 규모를 예측하는 등 시장 전망의 편차가 매우 크고 극단적이므로 단순 숫자보다는 큰 흐름을 보길 권한다.

'산업용 로봇'이란 산업 현장에서 반복적이고 정밀한 작업을 수행하도록 설계된 자동화 장치를 의미한다. 국제표준화기구(ISO 8373)는 이를 '자동 제어, 재프로그래밍 가능, 다목적적 매니퓰레이터manipulator로서, 3축 이상을 갖추고 고정식 또는 이동식으로 산업 자동화에 사용되는 장치'로 정의하고 있다. 즉 산업용 로봇은 단순 기계가 아닌 프로그래밍 가능한 다관절 장치로서 자동화·효율화의 핵심 자원이라 할 수 있다. 산업용 로봇은 우리가 영화나 TV를 통해 직간접적으로 많이 경험한 자동차, 반도체 공장들에서 이미 수십 년 전부터 본격적으로 상용화되기 시작했다.

1950년대 말 미국에서 개발한 유니메이트가 산업용 로봇의 원조로 여겨지는데, 이는 GM 자동차 공장에 투입되어 용접 작업을 수행하면서 산업용 로봇 시대를 열었다고 볼 수 있다. 이후 1970~80년대에는 일본의 산업화가 본격적으로 진행되면서 FANUC, Yaskawa, Kawasaki, Nachi-Fujikoshi 등이 산업용 로봇 시장을 주도했다. 1990년대와 2000년대를 지나면서 컴퓨터 제어, 센서, 협동로봇 등으로 발전하면서 물류, 반도체, 전자, 자동차, 식품 등 다양한 산업으로 확대되었다.

산업용 로봇은 크게 구조적 형태, 제어 시스템, 구동 방식, 센서 기술로 구분된다.

구조적 형태는 관절형, 직교좌표형, 원통좌표형, SCARA<sup>Selective</sup>
<sup>Compliance Assembly Robot Arm</sup>, 델타 로봇<sup>Delta Robot</sup> 형태로 구분된다. 산업
용 로봇이 가장 많이 사용되는 자동차 공장의 경우 관절형 로봇이
주를 이루고 있으며, CNC 등의 가공 업체들은 직교 좌표형 형태의
로봇을 사용하며, 포장·전자부품의 고속 이송에서는 주로 델타 로
봇이 쓰이고 있다.

제어 시스템상의 분류로는 단순 동작을 반복해서 시행하는 오픈
루프 제어<sup>Open-Loop control</sup> 방식과, 센서를 통한 피드백 기반의 고정밀
제어를 통해 동작을 수행하는 클로즈드 루프 제어<sup>Closed-Loop control</sup> 방
식, 그리고 최근 AI의 발달로 인해 발전을 시작하고 있는 AI 기반 자
율 학습형 제어 방식으로 구분된다.

산업용 로봇의 역할에 따라 정밀 제어가 필요한 로봇의 경우 일
반적으로 전기로 구동을 하게 되며, 강력한 힘을 필요로 하는 로봇
은 유압 구동 방식으로, 빠른 속도를 요하는 단순 반복의 로봇들은
공압 구동<sup>Pneumatic Actuator</sup> 방식으로 작동하게 된다.


## 산업용 로봇 산업의 현황


글로벌 산업용 로봇은 코로나 이후 연간 50만 대 이상 꾸준히 설
치되고 있으며, 2025년에는 약 70만 대 가까운 신규 로봇이 설치되
고 있는 상황이다. 누적으로는 현재 400만 대 이상의 산업용 로봇이

**산업용 로봇 연간 설치 대수 추이**

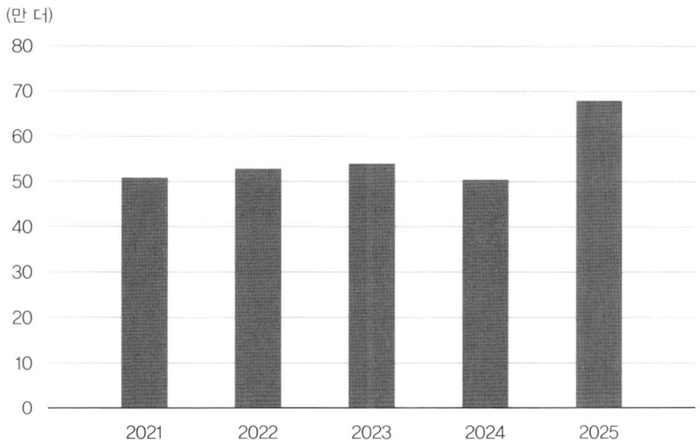



출처 : IFR

**국가별 산업용 로봇 연간 설치 대수 비교**

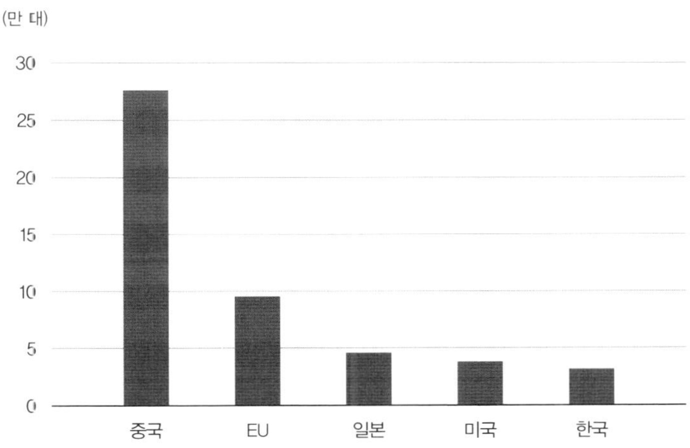



출처: IFR

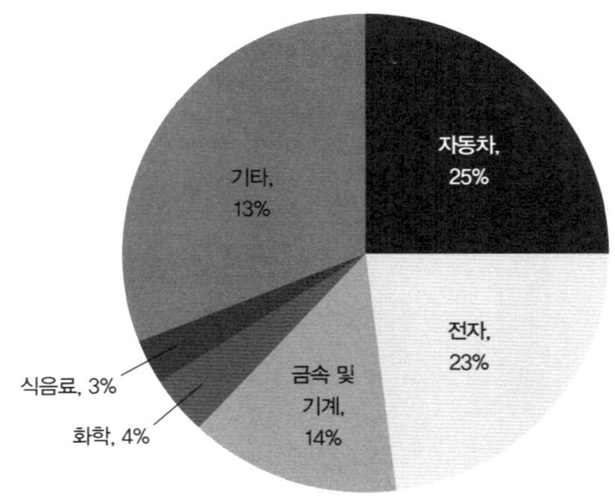


출처: IFR

설치되고 있다. 이 중 약 70% 이상이 제조업에 집중되어 있는 아시아 시장을 중심으로 설치되고 있으며, 전체적으로는 약 50% 정도의 산업용 로봇이 중국에 집중 설치되고 있다. 유럽과 미국이 그 뒤를 잇는다.

산업용 로봇은 다양한 제조 산업에 걸쳐 활용되고 있는데, 특히 자동차·전자·금속 산업에서 압도적인 쓰임새를 기록하고 있다. 전체 산업용 로봇에서 자동차 산업이 차지하는 비중이 약 25%로 가장 높고, 전자 산업이 23%로 그 뒤를 잇는다. 이 밖에 금속 및 기계산업도 약 14%의 높은 비중을 차지하고 있다.

# 산업용 로봇의
# 주요 기업에 대해 알아보자

일본 기업들이 시장을 장악하고 있는 가운데, 유럽의 ABB가 시장의 강자로 군림하고 있다. 소프트뱅크는 향후 ABB의 산업 전문성과 AI기술이 결합되어 "인공 초지능(ASI)과 로보틱스의 융합을 가속화할 것"이라는 목표를 밝혔다.

2020년 발생한 코로나 팬데믹으로 인해 정체되었던 산업용 로봇의 수요가 2022~2023년까지 빠르게 증가하면서 산업용 로봇의 매출도 큰 폭으로 증가했다. 그러나 설비 투자가 일단락되고 제조업 경기, 특히 자동차 산업의 전반적인 수요 부진으로 인해서 2024년 산업용 로봇의 매출은 일부 기업들을 제외하고는 부진했다.

전 세계적으로 다양한 산업용 로봇 기업들이 있으나, 대부분의 시장은 일본의 기업들과 스웨덴의 ABB가 시장의 대부분을 점유하고 있다. 일본의 화낙FANUC과 야스카와전기Yaskawa, 가와사키중공업Kawasaki이 연간 기준 한화 1조 원 이상의 매출을 순수 산업용 로봇

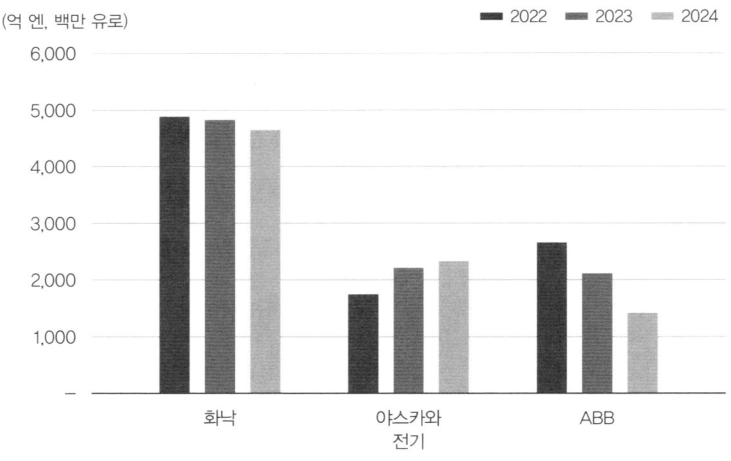

에서 일으키고 있으며, ABB는 약 3조 원 이상의 매출을 산업용 로봇에서 기록하고 있다. 각 기업들이 다양한 사업들을 영위하고 있어 산업용 로봇 매출의 정확한 집계는 어렵지만, 회사가 공식적으로 발표한 숫자를 기반으로 전 세계에서 산업용 로봇의 매출이 가장 높은 기업은 화낙이며, 그 다음은 ABB, 야스카와전기 순이다.

## 유럽의 ABB가 시장의 강자로 군림

화낙은 우리가 흔히 아는 후지쯔Fujitsu에서 시작된 산업용 로봇 전문기업이다. 2024년 로봇 매출액만 약 3.3조 원, 로봇머신 매출액

1.4조 원에 달하는 수준이다. 각종 미디어에 등장하는 노란색 로봇 팔은 대부분 화낙 제품일 정도로 이 분야에서 강력한 시장 점유율과 높은 위상을 자랑한다.

ABB는 '유럽의 화낙'이라고 볼 수 있다. 6축 관절 로봇의 대명사라고 할 수 있는 IRB 시리즈가 대표 제품이며, 대부분의 유럽 자동차 공장에 ABB의 로봇이 높은 비중으로 투입된 상태라고 볼 수 있다. 2024년 기준 전년 대비 32% 감소한 14.4억 달러의 매출을 기록했다. 코로나 이후 연간 20억~25억 달러 이상의 매출을 꾸준히 이어 온 것을 감안하면 산업용 로봇 매출이 큰 폭으로 줄어든 상황이다.

이 같은 부진한 실적 상황 때문이었을까? ABB는 로보틱스 사업을 분사 후 별도 상장하려는 계획을 가지고 있었으나, 현지 시간 기준 2025년 10월 8일 ABB는 기존의 계획을 철회하고 로보틱스 사업부를 소프트뱅크에 53.7억 달러에 매각하는 계약을 발표했다. 이 거래로 인해 ABB는 분할 후 재상장 방식보다 더 빠르게 현금을 확보할 수 있게 되었고, 소프트뱅크는 AI와 로보틱스 분야 강화 전략의 일환으로 또 하나의 전략적 옵션을 확보할 수 있게 되었다. 소프트뱅크는 향후 ABB의 산업 전문성과 AI기술을 결합해 '인공 초지능ASI과 로보틱스의 융합을 가속화할 것'이라는 목표를 밝혔다. 이 딜의 최종 마감 시기는 2026년 중후반이 될 것이며, EU 및 중국·미국을 포함한 주요 지역의 규제 승인 및 기타 관례적인 거래 종결 조건 충족 시 완료될 예정이다.

## 글로벌 주요 산업 로봇 기업과 주요 특징

| 업체 | 국적 | 회사 내용 | 주요 제품 | 2024년 로봇 매출액 |
|---|---|---|---|---|
| FANUC | 일본 | • 1956년 후지쯔, CNC 부서로 설립<br>• 1974년부터 산업용 로봇 생산<br>• 노란색 로봇팔의 대명사 | 산업용 로봇<br>(M-2000)<br>협동 로봇CRX)<br>CNC시스템 | 로봇<br>3,296억 엔<br>로보머신<br>1,376억 엔 |
| Yaskawa Electric | 일본 | • 1977년 최초의 산업용 로봇 모토맨 개발<br>• 메카트로닉스라는 용어의 시초 회사 | 모토맨 GP<br>(고속핸들링,패키징)<br>모토맨 HC(협동로봇) | 모션콘트롤러<br>2,600억 엔<br>로보틱스<br>2,347억 엔 |
| Kawasaki Heavy Industries | 일본 | • 1896년 설립<br>• 1968년 미국 유니메이션과 기술 제휴<br>• 1969년 일본 최소 산업용 로봇 상업화<br>• 2013년 의료 로봇 회사 메디카로이드 설립 | 용접, 조립, 도장<br>의료용 로봇 | 정밀기계<br>1,473억 엔<br>로봇<br>1,016억 엔 |
| Nachi-Fujikoshi | 일본 | • 1928년 베어링, 공작기계 등 기계제조사로 설립<br>• 1969년 건설용 산업 로봇 제작, 용접로봇 우수 로봇용 감속기 시장에서 하모닉과 함께 75% 시장 점유율 차지 | MZ07-초고속 수직 다관절 로봇<br>SRA 시리즈 | 로봇<br>316억 엔 |
| Denso | 일본 | • 1949년 설립된 자동차 부품사<br>• 1967년 로봇팔 개발<br>• 1970년 알루미늄 다이캐스팅 로봇 생산 | 소형 산업용 로봇 시장 리더<br>4축 SCARA 로봇,<br>5~6축 다관절 로봇 | Factory Automation and Social Solutions<br>1,448억 엔 |
| ABB | 스웨덴 | • 1975년 6축 산업용 로봇 개발<br>• 화낙과 함께 로봇 시장 점유율 1, 2위 경쟁<br>• 2026년 2분기 로보틱스 사업부 분사 후 상장 검토중 | 6축 다관절 로봇 IRB 시리즈<br>협동 로봇 Yumi, GoFa | Robotics & Discrete Automation<br>15억 달러 |
| KUKA | 독일 | • 1973년 세계 최초 6축 전동 모터 구동 산업용 로봇<br>• 현재 중국 Mideo 그룹의 자회사 | 쿠카 오렌지 색상 로봇이 대표 중장비 산업용 로봇 KR TITAN 등 LBR iiwa 사람과 직접 협업 로봇 | Robotics<br>7,500만 유로 |

| | | | | |
|---|---|---|---|---|
| Teradyne & Universal Robots | 미국 덴마크 | • 2005년 유니버설 로봇 설립<br>• 2015년 테러다인이 유니버설 로봇 2.85억 달러에 인수 | 협동 로봇<br>UR시리즈<br>UR+라는 개방형 생태계 구축<br>엔비디아와 AI 협력 | UR 3억 달러<br>테러다인 로봇 2억 달러 |
| Rockwell Automation | 미국 | • 1903년 설립된 Allen-Broadly가 모태<br>• 2001년 Rockwell International 에서 분사<br>• Clearpath Robotics 인수로 자율 이동 로봇 진출 | 모션컨트롤러 부품<br>물류·창고 자동화 자율이동로봇 | Intelligent Devices 부문 38억 달러 중 일부 |
| HD 현대 로보틱스 | 한국 | • 1984년 현대중공업 로봇 전담팀<br>• 2017년 현대중공업에서 분할 출범<br>• 2023년 사명 변경 | 용접, 조립, 핸들링 등 전통산업 로봇<br>평판디스플레이 국산화 성공,<br>1위 협동 로봇 HS200L | 2,149억 원 |
| 한화 로보틱스 | 한국 | • 2023년 한화·모멘텀의 자동화 사업부 분리 설립 | Hanwha Collaborative Robots(HCR)<br>이동 로봇과 협동 로봇을 결합한 모바일 매니퓰레이터 | 86억 원 |
| 두산 로보틱스 | 한국 | • 2015년 설립<br>• 2017년 상용화 성공 | M: 6축 힘 센서 내장<br>H: 경량형, 높은 유연성<br>E: F&B 산업 특화 모델, 가격경쟁력 | 468억 원 |

출처: 각 사 발표 언론 취합 자료

# 의료용 로봇,
# 시장이 점점 커지고 있다

의료용 로봇은 수술용, 재활용, 원격진료용, 자동화용으로 크게 분류된다. 그 중에서도 수술용 로봇인 Intuitive Surgical의 da Vinci 시스템이 가장 인지도가 높으며 큰 시장을 형성하고 있다.

2025년 기준 의료용 로봇 산업 규모는 약 160억 달러 수준에 달할 것으로 추정된다. 산업용 로봇의 시장 규모가 220억 달러 수준이므로 산업용 로봇 시장의 약 70% 수준인데, 일상 생활에서 의료용 로봇을 거의 보기가 힘든 것에 비해 시장 규모가 생각보다 크다고 할 수 있다.

의료용 로봇 산업은 의료 기술의 혁신을 주도하는 핵심 분야로, 최소침습 수술, 재활 치료, 원격 의료 등 다양한 영역에서 활용되고 있다. 2025년 기준 고령화 사회의 진입과 기술 발전으로 인해 이 산업은 급속한 성장을 보이고 있으며, AI 통합과 로봇의 정밀성 향상이 주요 트렌드로 부상하고 있다. 다만 인간의 생명과 건강에 직접적으로 연결되는 분야의 산업이기 때문에 규제와 제약이 매우 크고, 이에 따른 비용의 상승은 산업의 성장에 직접적인 영향을 미친다.

## 의료용 로봇 산업의 현황

의료용 로봇은 크게 수술 로봇, 재활 로봇, 원격 진단용 로봇, 병원 자동화 로봇 등으로 나뉜다.

수술용 로봇은 의료용 로봇 산업을 키우는 데 가장 큰 역할을 한 분야로, 인튜이티브 서지컬Intuitive Surgical의 다빈치da Vinci 시스템이 전체 시장 점유율의 70%를 차지할 만큼 절대적인 비중을 차지한다.

재활 로봇은 최근 많은 이슈가 되고 있는 휴머노이드 로봇의 성장과 궤를 같이한다. 휴머노이드 로봇의 근육과 관절 기능에 특화해서 인간의 재활을 돕는 데 큰 역할을 하고 있으며, 이에 더해 고령 인구 증가에 따른 보조 재활 솔루션 수요가 늘어난 만큼 향후 가장 성장성이 높은 시장으로 평가된다.

원격 진단용 로봇은 원격 진단 및 상담에 특화된 로봇으로, 코로나 팬데믹 이후 시장이 급격하게 성장했다. 병원 자동화 로봇은 약물 분배, 환자 이송 등 병원 및 약국의 후방 지원을 주로 담당하는 로봇을 일컫는다.

의료용 로봇 산업은 2023년 136억 달러, 2025년 160억 달러 수

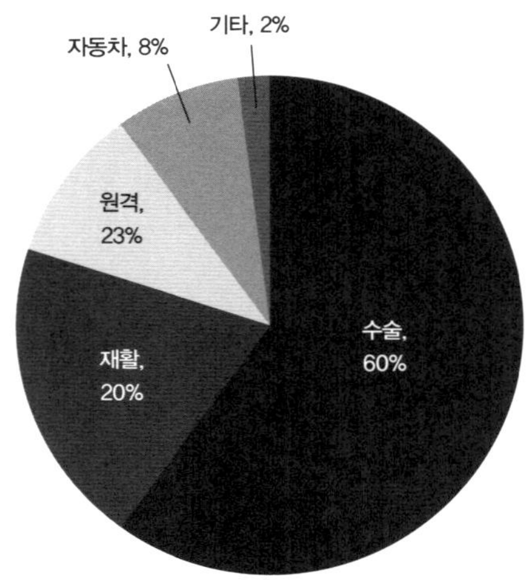



출처: IFA, 언론 취합 자료

준이 될 것으로 추정되며, 2030년에는 450억 달러 수준까지 성장할 것으로 추정된다. 휴머노이드 로봇 기술의 발전으로 재활 로봇의 성장 속도가 가장 가파를 것으로 예상되며, 고령 인구 증가에 따른 노동력 감소 등으로 인해 병원 자동화 로봇이 그 뒤를 이을 것으로 예상된다. 수술용 로봇의 경우 인간의 생명과 안전에 직접적인 영향을 줄 수 있는 산업인만큼 급격한 적용보다는 연평균 10% 정도의 꾸준한 성장이 예상된다.

산업의 특성상 지역별로는 선진국들의 시장 규모가 압도적이다. 북미가 연간 75억 달러 시장 규모를 형성하고 있고, 유럽이 40억 달러, 나머지 지역들의 경우 사실상 시장 규모가 매우 미미할 정도로 의료용 로봇 산업이 아직까지 정착하지 못하고 있는 상황이다.

## 의료용 로봇 산업의 규모

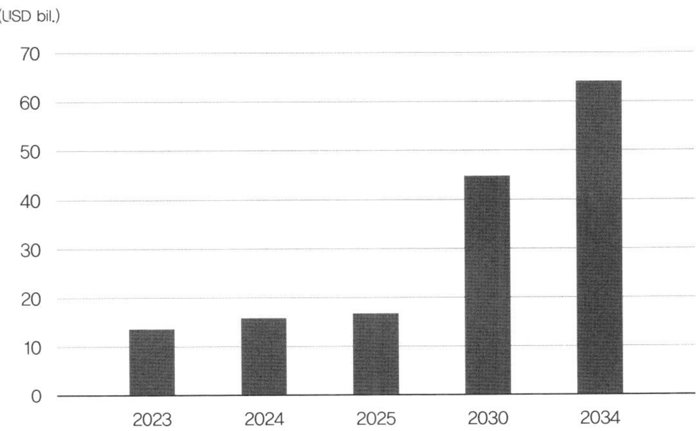



출처  IFA, 언론 취합 자료

## 지역별 의료용 로봇 산업의 규모

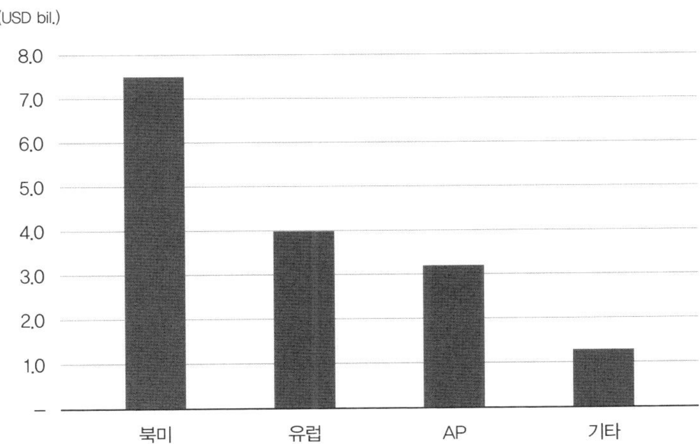



출처 : IFA, 언론 취합 자료

## 의료용 로봇 산업 성장의 걸림돌

각종 로봇 산업이 빠르게 성장하고 기술이 급격하게 발전하고 있음에도 일부 선진 시장을 제외하면 의료용 로봇 산업의 확대 속도는 더딘 편이다. 이유는 다음과 같다.

첫째, 높은 초기 도입 비용이다. 고가의 장비 구입과 유지보수 비용은 병원이 로봇 시스템을 도입하는 데 가장 큰 장벽으로 작용한다. 예를 들어 다빈치 수술 시스템의 경우 초기 도입 비용이 16억 원에 달하고, 수술당 소모품 비용 또한 환자에게 큰 비급여 부담으로 전가되고 있다.

둘째, 규제 및 임상 검증의 현실적 장벽이다. 사람의 생명과 직결된 의료용 로봇은 엄격한 임상 검증과 규제 승인을 필수적으로 거쳐야 한다. 현재 규제 개선의 속도와 파급 효과가 산업계의 기대에 미치지 못하고 있다는 점이 시장의 확산을 더디게 하는 요인으로 지적받고 있다.

마지막으로, 책임 소재 및 윤리적 문제다. 로봇 수술 실패 시 책임 소재(제조사, 의사, 병원)가 불분명한 문제를 비롯해, AI 알고리즘의 편향성과 환자 데이터 보안 등 첨단 기술의 도입이 야기하는 새로운 윤리적·법적 문제들이 해결 과제로 남아 있다.

결국 의료용 로봇 산업이 이러한 한계를 극복하고 대중화되기 위해서는 정부 차원의 정책적 지원과 건강보험 수가 적용 확대가 필수적이다.

## 의료용 로봇의 종류와 관련 기업

전 세계적으로 가장 압도적인 수술용 로봇 기업은 인튜이티브 서지컬Intuitive Surgical 이다. 다빈치 수술 시스템으로 로봇 수술 시장을 사실상 개척했고, 현재는 70%가 넘는 시장 점유율로 시장을 지배하고 있다고 평가할 수 있다. 다빈치 시스템은 10배 이상 확대된 3D 고화질 영상과 사람 손목 움직임을 모방하는 엔도리스트EndoWrist 기구를 통해 미세하고 정교한 수술을 가능하게 한다.

특히 사람의 손 떨림을 제어해 정밀도를 극대화하고, 정전이나 자가 안전 진단 실패시 안전하게 시스템이 중단되는 고장 대비 안전장치를 갖추고 있어 신뢰성을 확보했다. 1999년 세계 최초로 로봇 수술 시스템을 선보였고, 2000년 FDA 승인을 획득한 이래 수천 건의 수술을 시행하며 독점 체제를 구축했다.

스트라이커Stryker는 정형외과 수술용 로봇 시스템 마코 스마트로보틱스Mako SmartRobotics를 개발한 업체다. 이 시스템은 3D CT 기반의 맞춤형 수술 계획 소프트웨어와 실시간 데이터를 활용해 무릎 및 고관절 수술의 정확도를 0.1mm 단위까지 높인다. 이를 통해 기존 수술 대비 출혈량과 통증을 감소시키고, 회복 기간을 단축하는 이점을 제공한다. 마코 플랫폼은 인공 관절과 패키지로 판매되는 폐쇄형 플랫폼으로, 이를 통해 스트라이커는 시장을 상회하는 지속적인 성장을 달성하고 있다.

메드트로닉Medtronic은 인튜이티브 서지컬의 강력한 경쟁업체다.

**주요 수술용 로봇 브랜드와 기업 및 특징**

| 시스템명 | 제조사 | 주요 적용 분야 | 핵심 기능 및 특징 | 경쟁 포지션 |
|---|---|---|---|---|
| 다빈치<br>(da Vinci) | Intuitive Surgical | 일반외과, 비뇨기과, 부인과, 심장외과 등 | • 3D 고화질 영상<br>• 엔도리스트 기구로 손목 움직임 재현<br>• 손 떨림 보정 기능 | 시장 지배자<br>(압도적 점유율) |
| 마코 스마트 로보틱스<br>(Mako) | Stryker | 정형외과<br>(무릎, 고관절) | • 3D CT 기반 맞춤형 수술 계획<br>• 0.1mm 단위의 정밀 절삭<br>• 인공관절 패키지 판매 | 정형외과 전문<br>(수직적 통합) |
| 휴고<br>(Hugo) | Medtronic | 비뇨기과, 부인과, 일반외과 등 | • 모듈형, 휴대 가능한 설계<br>• 다빈치 대비 낮은 도입·운용 비용<br>• 개방형 콘솔로 상황 인지도 향상 | 시장 추격자<br>(비용 효율성 전략) |
| 로사<br>(ROSA) | Zimmer Biomet | 정형외과<br>(무릎, 고관절) | • 3D 모델링 기반 수술 계획<br>• 실시간 데이터로 정밀도 보조<br>• ZBEdge 디지털 플랫폼 통합 | 정형외과 전문<br>(데이터 기반 전략) |

출처: 각 사 발표 언론 취합 자료

휴고 RAS 시스템Hugo RAS system을 개발해 시장에 침투중이다. 휴고 시스템은 휴대 가능한 모듈형 설계가 특징인데, 수술실 공간 활용도를 극대화하고, 필요한 로봇 팔만 선택적으로 사용할 수 있어 비용 효율성이 높다는 장점이 있다. 또한 도입 및 운용 비용이 다빈치 대비 20~30% 낮다는 강점이 있어 비용 문제에서도 자유로운 편이다.

이 밖에도 인공관절 수술 로봇 큐비스–조인트CUVIS-joint를 개발한 국내의 큐렉소Curexo의 경우 세계적인 경쟁력을 확보한 국내 기업이다. 고령화 및 최소 침습 수술 수요 증가에 따른 로봇 도입 확대로 실적 개선을 기대하고 있다.

 # Tesla, Inc. (TSLA-US)

* Relative: S&P 500 Index
* 시가총액(백만 달러): 1,617,244

◆ **기업 개요**

- 2003년 마틴에버하드와 마크 타페닝이 캘리포니아 산 카를로
  스에 전기차 개발 목표로 회사 설립.

- 2004년 일론 머스크가 주요 투자자로 참여하며 회장으로 취임

- 2008년 로터스 차체 기반으로 최초의 전기 스포츠카인 로드스
  터를 생산

- 2010년 6월 나스닥에 상장. 2012년 모델S 출시. 2015년 모델
  X, 2017년 모델3를 출시하면서 라인업 확대

- 2020년에 창사 이래 처음으로 연간 순이익을 달성하면서 주가
  가 급등해 '전 세계에서 가장 시가총액이 높은 자동차 기업'으
  로 자리매김

- 자동차 사업부와 에너지 사업부로 나뉘며, 자동차 사업부의 매
  출이 전체 매출 중 대략 80%의 비중을 유지중. 에너지 사업부

는 태양광, ESS 등

- 전기차에서 올린 수익을 바탕으로 자율주행 택시와 휴머노이드 로봇 등 신사업에 과감한 투자 진행중

- 2021년 AI데이를 통해 최초로 휴머노이드 로봇 프로젝트인 옵티머스 프로젝트를 발표

- 2023년 12월 옵티머스2 발표

- 옵티머스는 2025년 1분기에 Fremont 파일럿 라인을 가동해 수천 대를 생산중. 3세대 제품을 2025년 말 공장에 배치하는 것을 목표로 하고 있음. 2026년에 본격적인 대량 생산에 들어가는 것을 목표로 진행중이며, 대량 생산과 동시에 외부 판매를 시작하는 것을 목표로 함

- 옵티머스는 2026년 외부 판매(초기판가는 5만~15만 달러 추정) 시작. 중기적으로 2만~3만 달러까지 판가 하락을 목표로 함. 2030년 연 100만 대의 옵티머스 판매를 목표로 함. 2050년에는 옵티머스로 연 5조 달러의 매출을 올릴 것이라는 일부 IB의 전망치가 등장

- 일론 머스크는 옵티머스 프로젝트의 성공으로 테슬라의 기업 가치가 25조 달러까지 상승할 것으로 전망

◆ **투자 포인트**

- 자동차에서 경험한 FSD(완전자율주행)의 기술과 자체 AI기술을 활용해 휴머노이드 로봇의 HW와 SW를 모두 보유한 명실상부한 로봇 기업

- 전기차 시장에서처럼 휴머노이드 로봇 시장을 선도해서 초기 시장 선점을 선도할 것으로 예상됨. 즉 로봇 산업으로 제2의 성장이 기대됨

- 2025년 6월 오스틴에서 로보택시 서비스를 출시하면서 향후 로보택시 및 자율주행 시장을 선도할 것이라고 기대됨

- 전기차, 에너지, 자율주행, 로봇으로 점차 다양해지는 사업 포트폴리오


◆ **리스크**

- EV수요 둔화 및 세제 혜택 만료로 인한 전기차 시장 성장의 둔화와 더불어 경쟁 전기차 업체들의 시장 확대로 인해 마진이 하락될 위험

- 로보택시, 휴머노이드 로봇과 같은 신사업의 높은 실행 리스크 및 기술 상용화의 불확실성에 따른 실망감

- 일론 머스크의 돌출 행동에 따른 CEO 리스크

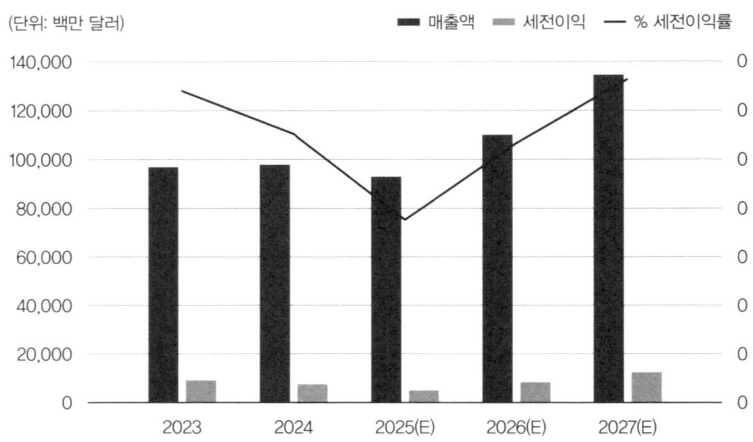
(단위: 백만 달러)
매출액
세전이익
% 세전이익률
140,000
120,000
100,000
80,000
60,000
40,000
20,000
0
2023
2024
2025(E)
2026(E)
2027(E)

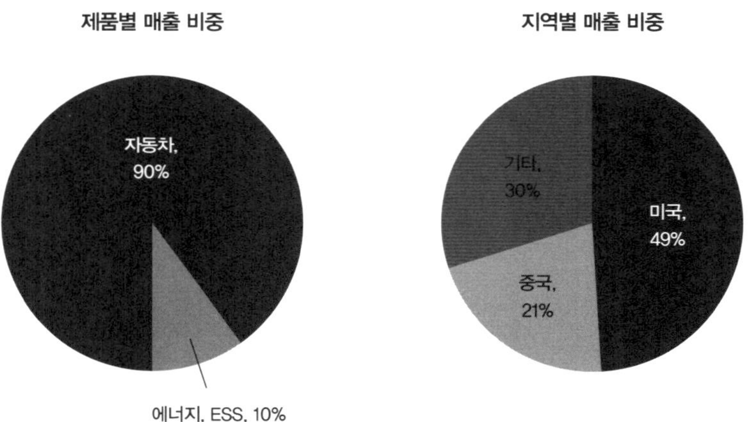
제품별 매출 비중
자동차,
90%
에너지, ESS, 10%
지역별 매출 비중
기타,
30%
미국,
49%
중국,
21%

# UBTECH ROBOTICS CORP., LTD. Class H (9880-HKG)

* Relative: Hang Seng Index
* 시가총액(백만 달러): 62,227

## ◆ 기업 개요

- 2013년 3월 주젠Zhou Jan이 중국 선전에 본사를 두고 설립한 AI 기반 로봇 전문 기업으로 휴머노이드 로봇과 스마트 서비스 로봇의 연구, 개발, 생산, 판매에 주력.

  2023년 12월 29일 홍콩 증권거래소(HKEX: 9880)에 상장된 이후 글로벌 로봇 시장에서 주목받고 있으며 교육, 상업, 물류, 노인 케어 등 다양한 분야에서 솔루션을 제공. AI 기술을 활용해 사용자 중심의 지능형 로봇을 개발하며, 2025년 현재 휴머노이드 로봇 사업이 급성장중

- 회사 초기에는 교육용 로봇으로 기반을 다졌으며, 최근에는 산업용 휴머노이드 로봇에 집중. 2025년 상반기 기준 휴머노이드 로봇의 매출은 40% 이상으로 추정

- 휴머노이드 로봇 이외에도 AI교육 솔루션, 물류 스마트 로봇,

스마트 노인케어, 가정용 로봇 등 다양한 영역의 로봇 사업을
진행중

- 대표제품은 휴머노이드 로봇 Walker S2로, 다양한 제조기업에
납품해서 생산라인에 투입시키고 있는 상황


◆ **투자 포인트**

- 휴머노이드 로봇 기업 중 가장 빠르게 상용화를 시키고 있는
기업 중 하나이며, 휴머노이드 로봇의 직접적인 매출이 발생하
고 있는 몇 안 되는 기업(BYD, 지리 자동차 등)
- 상장을 통해 투자 유치와 재원 확보가 타 로봇 기업 대비 상대
적으로 용이해졌으며, 대외 인지도 및 투명성 상승
- 중국 내 기술력이 앞서 있어 중국 정부의 강력한 인공지능, 로
봇 산업 육성 정책의 직접적 수혜를 크게 받을 수 있는 기업
- 최근 10억 달러 투자 유치로 장기적인 성장 잠재력 확보
- 2025년에 수주한 계약 건들에 대한 구체적인 매출이 가시화될
경우 주가 상승의 강한 촉매제 역할이 될 것으로 추정


◆ **리스크**

- 매출액이 증가함에도 불구하고 R&D 비용 등 각종 비용 증가로
인해 여전히 큰 폭의 적자를 기록. 단기에 흑자 전환이 어려움
- 중국 내수시장이 충분히 큼에도 불구하고, 미중 무역갈등 등으
로 인해 해외 진출에는 다소 어려움이 있는 상황

- 휴머노이드 로봇의 수주를 실제 출고로 연결하지 못할 경우, 기
술력 부족에 대한 이슈가 한 번에 불붙을 수 있음

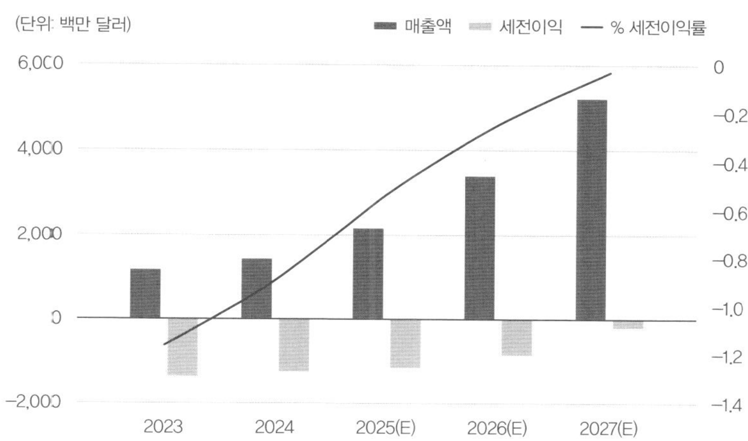


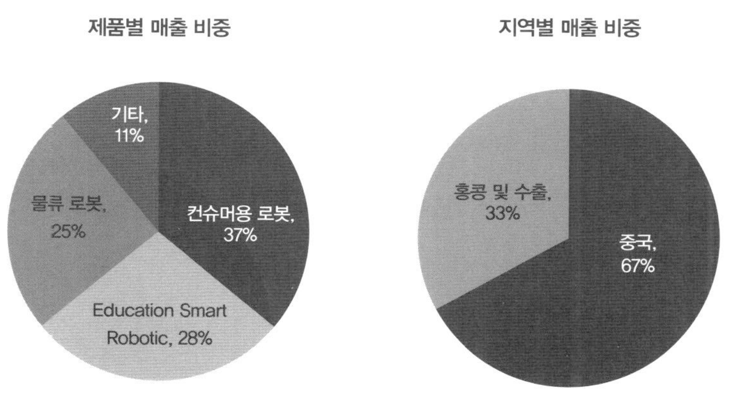

# Zhejiang Shuanghuan Driveline Co., Ltd. Class A (002472-CN)

* Relative: S&P 500 Index
* 시가총액(백만 달러): 41,979

◆ **기업 개요**

- 중국 항저우에 본사를 둔 기어 및 전동 부품 전문 제조사로, 자동차, 신에너지 차량, 로봇, 철도 등 다양한 산업의 기계 전동 시스템 핵심 부품을 생산.

- 1980년 설립된 이래 40년 이상의 역사를 가진 글로벌 리더로, 선전 증권거래소(002472.SZ)에 2010년 상장. 고속·저소음·안전·지속 가능한 제품을 강조하며, Toyota, Volkswagen, ZF, BYD 등 포춘 500대 기업에 50% 이상의 매출을 담당. 2025년 10월 기준 신에너지 차량과 휴머노이드 로봇 기어 사업이 성장 동력으로 부각되는 중

- 여러 가지 사업부가 많이 있지만, 사실상 기어(Gear)를 통해 전 세계 주요 기업에 제품을 공급하고 있는 상황. 2024년 실적 기준 승용차 및 상용차의 기어 매출이 전체의 70%를 차지하며,

로봇용 감속 기어의 매출은 7% 수준을 기록중. 다만 산업용 로봇, 휴머노이드 로봇 등 다양한 로봇들의 시장 확대로 인해 로봇용 감속기 매출은 지속적인 성장중이며, 향후 가장 높은 성장성을 기록할 것으로 전망
- 2025년 10월 기준, 산업 로봇 및 휴머노이드 로봇의 관절·액추에이터 부품 공급으로 시장 점유율을 확대중이며, 전체 매출의 약 10~15%를 로봇 관련 부문에서 창출하는 등 지속적인 로봇 매출 비중 상승중

◆ **투자 포인트**
- 40년 이상의 기어 제조 경험을 바탕으로 로봇 산업의 고난이도 부품 시장에서 강력한 경쟁 우위 확보
- 산업 로봇 및 휴머노이드 로봇용 동축 리듀서와 하모닉 리듀서의 공급으로 휴머노이드 로봇 가치 사슬에서 확실한 입지 확보
- 중국의 로봇 산업 지원에 따른 수혜 가능
- 자동차 기어의 지속적인 수익 창출로, 로봇 관련 기업들 중에서는 단연 돋보이는 안정적인 재무 구조
- 다각화된 사업 포트폴리오로, 로봇 산업의 부침에도 불구하고 안정적인 주가 흐름 예상
- 전기차 및 하이브리드차용 전기 모터 및 감속 기어 확대에 따른 수혜도 예상

◆ 리스크

- 기존 자동차용 기어의 매출이 절대적이어서, 순수 로봇 업체로
  평가하기에는 다소 부족한 매출 비중
- 미중 갈등으로 해외 매출 제한 및 추가적인 해외 진출에 어려
  움이 있을 수 있음

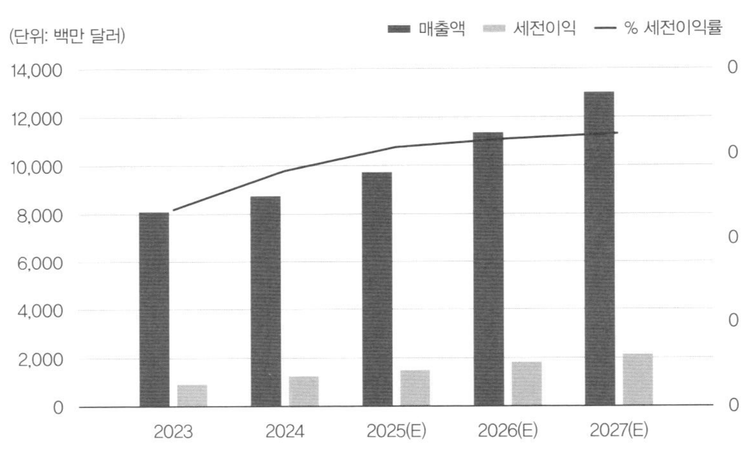


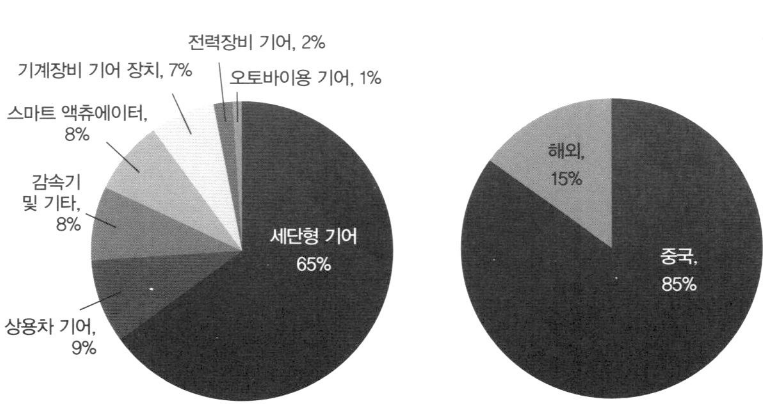

**제품별 매출 비중**

**지역별 매출 비중**

 # Rainbow Robotics, Inc. (277810-KR)

＊ Relative: KOSPI Composite Index
＊ 시가총액(백만 달러): 6,072,156

◆ **기업 개요**

- 2011년 카이스트의 Hubo Lab 연구원들에 의해 설립된 휴머노이드 로봇 전문기업

- 한국 최초의 이족 보행 로봇 Hubo를 개발한 오준호 교수를 중심으로 설립되어, 2021년에 코스닥 상장

- 2023년 삼성전자가 14.7% 지분을 인수하면서 초기 투자를 진행했고, 2024년 말 삼성전자의 콜옵션 행사로 나머지 지분을 추가로 인수하며 최대 주주(보유지분 35%)로 등극, 이후 삼성전자의 자회사로 편입

- 주요 제품으로는 협업 로봇 RB3-1200, RB5-850, 휴머노이드 로봇 RB-Y1, 자율 이동 로봇 RB 시리즈 AMR 등이 있음

- 2015년 다르파 로보틱스 챌린지에서 우승하며 세계적인 기술력 입증에 성공. 휴보 로봇을 해외에 수출

- 2022년에 흑자 전환에 성공했으나, 2023년 투자 확대 및 주식 보상 비용 등으로 다시 적자 전환. 그후 2024년까지 다시 적자 지속중
- 향후 방향성은 레인보우로보틱스의 자체적인 전략보다는 삼성전자의 로봇 산업 방향성이 주요 목표가 될 예정
- 삼성전자는 산업용 로봇과 개인용·서비스 로봇의 투 트랙 전략으로 반도체, 디스플레이, 배터리 산업 현장에 직접 투입시켜 수직 계열화시키는 것을 우선으로 하고, 이를 바탕으로 로봇의 양산과 외부 판매를 목표로 할 것으로 알려짐

◆ **투자 포인트**

- 국내에서 최고 기술력을 보유한 휴머노이드 로봇 전문 기업이자, 삼성전자 로봇 사업의 최선봉이 될 모멘텀 보유
- 삼성그룹 내의 풍부한 캡티브(captive) 시장을 보유하고 있어 제품 양산 시 판로에 대한 고민이 필요 없을 만큼 막대한 대기 수요를 보유중

◆ **리스크**

- 대량 양산 경험이 부족
- 글로벌 경쟁업체들의 휴머노이드 로봇 대비 특성에서 우위도 있지만, 상대적 열위가 더 많은 것으로 시장에서는 평가

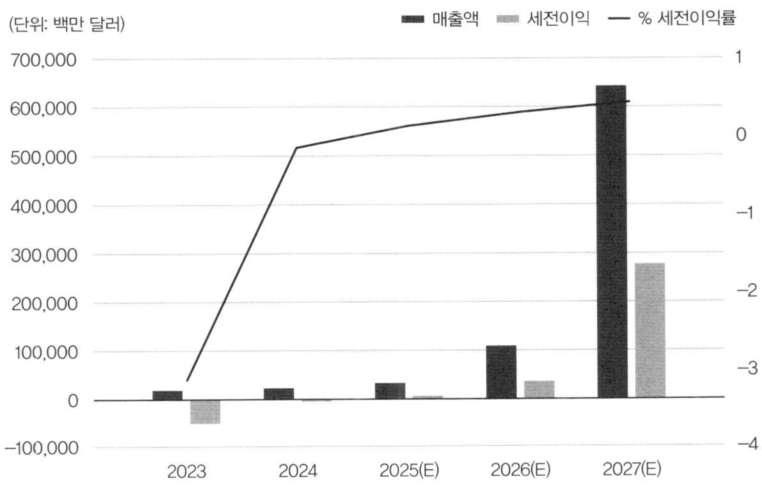


## 제품별 매출 비중

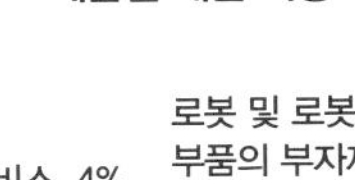


## 지역별 매출 비중

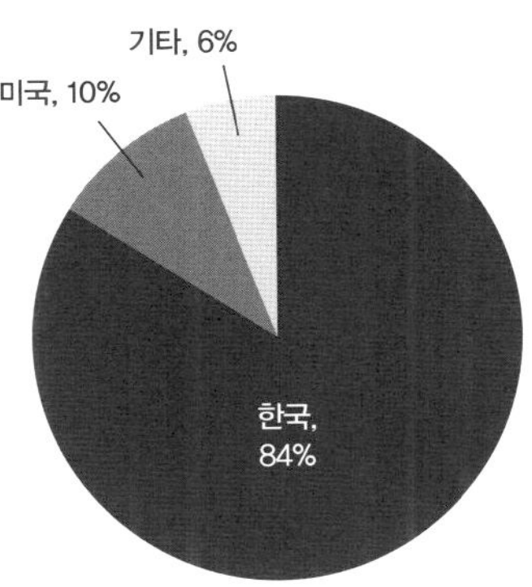

# 로보티즈 (108490-KR)

* Relative: KOSPI Composite Index
* **시가총액**(백만 달러): 2,255,632

◆ **기업 개요**

- 1999년 김병수 대표가 설립한 1세대 로봇 기업으로, 2018년 에 코스닥 상장. 2017년 유상증자에 참여해 LG전자가 현재 7.28% 지분 보유중

- 로봇에서 가장 중요한 핵심 부품인 액추에이터 분야에서 독보 적인 기술력을 보유중. 동사의 액추에이터는 '다이나믹셀'이라 는 이름의 라인업으로 판매중

- 액추에이터는 로봇의 필수적인 부품으로 '모터+감속기+엔코 더' 등으로 구성되는 모듈임. 현재 로봇 원가의 50% 이상을 담 당하는 부품으로, 로봇의 도입이 가속화되고 기술이 점차 고도 화됨에 따라 가장 빠르게 성장할 것으로 전망되는 부품

- 다이나믹셀은 전사 매출액의 98%(2Q24 누적 기준)를 차지함. 매 출의 80%가 수출에서 발생하며, 디즈니의 스턴트 로봇 및 해

외 주요 연구기관에도 납품 이력을 보유해 긍정적인 레퍼런스를 쌓고 있음. 현재 모터를 제외한 대부분의 부품을 내재화해 안정적인 원가 관리가 가능한 강점 보유

- 2021년 자율주행 로봇 '집개미·일개미'를 출시해 자율주행 로봇 시장에서도 꾸준한 기술력 유지 개발중

- 자율주행 로봇과 별개로 휴머노이드 작업용 로봇인 AI워커를 보유하고 있으며, 2대주주인 LG에게 납품 이력 있음. 향후 다양한 고객들에게 추가 납품 가능성

#### ◆ 투자 포인트

- 액추에이터 시장에서 국내 최고의 기술력을 보유했을 뿐 아니라 글로벌 경쟁력도 보유. 특히 매출의 대부분이 해외 수출이라는 점은 동사의 액추에이터가 글로벌 경쟁력을 갖추고 있다는 반증

- 액추에이터의 커스마이징을 통해 고객이 요구하는 최적의 수준을 맞춤으로 향후 급성장하는 휴머노이드 로봇 시장에 최적화

- 단순 부품뿐 아니라 집개미·일개미, AI워커 같은 자체 개발 로봇을 기반으로 궁극적인 로봇 완제품 시장으로의 진입 가능성도 상존

#### ◆ 리스크

- 단기적으로 급격히 상승한 주가로 인한 과도한 밸류에이션 부담

- 단일 품목 매출의 비중이 절대적으로 높은 상황이어서 글로벌
  경쟁이 심화될 경우 실적 변동성이 커질 가능성
- 자율주행 부문의 분리사인 로보이츠의 상장 시 기존 로보티즈
  의 주주 가치 훼손

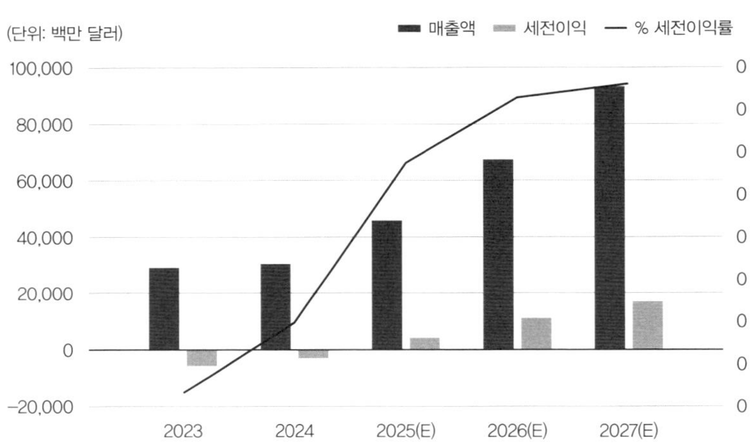


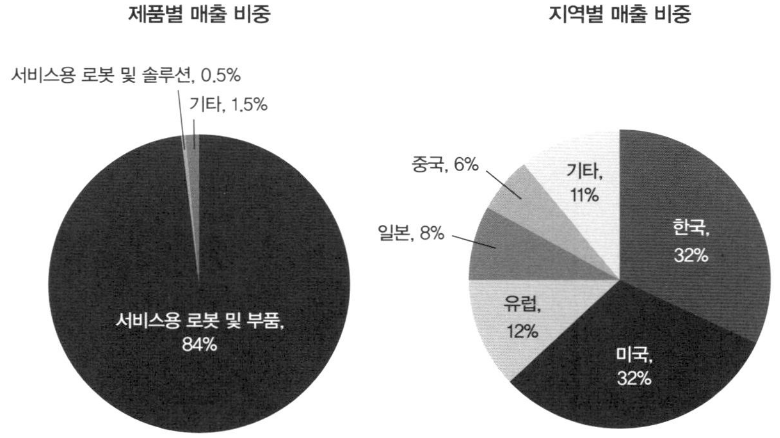

# Roundhill Humanoid Robotics ETF(HUMN US EQUITY)

| ETF 이름 | Roundhill Humanoid Robotics ETF |
| --- | --- |
| 티커 | HUMN US EQUITY |
| 운용사 | Roundhill ETF Trust |
| 펀드 분류 | Global / Sector / Thematic / Active |
| 최초 상장일 | 2025-06-26 |
| 시가총액 | USD 28.9 Million |
| 총 보수 | 0.750% |

휴머노이드 로봇 기술의 발전과 상업화로부터 수혜를 입을 것으로 예상되는 글로벌 기업 포트폴리오에 투자하는 ETF다.

테마 지수를 만들어 추종하는 패시브 ETF가 아니라, 펀드 매니저가 적극적으로 종목을 선정하고 비중을 조절하는 액티브 운용 방식의 ETF다.

HUMN ETF는 휴머노이드 로봇의 개발 및 생산에 관련된 광범위한 글로벌 기업들에 투자한다.

• 휴머노이드 로봇 개발 기업

자체적으로 인간형 로봇 모델을 설계 · 개발하고 있으며, 실제 산업 현장이나 서비스 영역에서의 상용화를 추진중인 기업들이 여기에 포함된다.

• AI 및 반도체 기업

휴머노이드 로봇의 '두뇌' 역할을 하는 AI 모델, GPU, AI 가속기, 각종 센서 기술을 제공하는 기업들이 포함된다. 로봇이 인간과 유사한 판단과 행동을 하기 위해서는 고성능 연산 능력과 실시간 데이터 처리 기술이 필수적이며, 이 영역은 휴머노이드 로봇 확산의 병목이자 동시에 가장 큰 수혜 구간으로 평가된다.

• 로봇 시스템 및 핵심 기술 기업

로봇 운영체제, 제어 소프트웨어, 자율 주행 알고리즘, 컴퓨터 비전 등 로봇의 '신경계'와 '감각기관'을 담당하는 기술을 제공하는 기업들이 여기에 속한다.

• 정밀 부품 및 구동계 기업

로봇 관절, 감속기, 모터, 액추에이터 등 휴머노이드 로봇의 움직임을 구현하는 핵심 부품을 생산하는 기업들이다. 인간과 유사한 동작을 구현하기 위해서는 고도의 정밀성과 내구성이 요구되며, 진입장벽이 높고 장기적인 성장성이 기대되는 분야다.

미국 기업 외에도 휴머노이드 로봇 및 핵심 부품 기술에서 강점을 가진 중국, 한국, 일본의 기업들을 포함해 글로벌 분산투자가 되어 있다는 특징이 있다.

### ◆ 투자비중 Top 10 기업

| 회사명 | 티커 | 비중 |
| --- | --- | --- |
| Tesla Inc | TSLA US | 9.99% |
| UBTech Robotics Corp. | 9880 HK | 8.74% |
| Nvidia Corp. | NVDA US | 6.33% |
| Xpeng Inc. | XPEV US | 5.65% |
| Rainbow Robotics | 277810 KS | 4.70% |
| Shenzhen Dobot Corp. | 2432 HK | 4.65% |
| Hyundai Motor Co. | 005380 KS | 4.65% |
| Xiaomi Corp. | 1810 HK | 4.24% |
| Harmonic Drive Systems | 6324 JP | 3.73% |
| Nabtesco Corp. | 6268 JP | 3.60% |

### ◆ 섹터별 투자비중

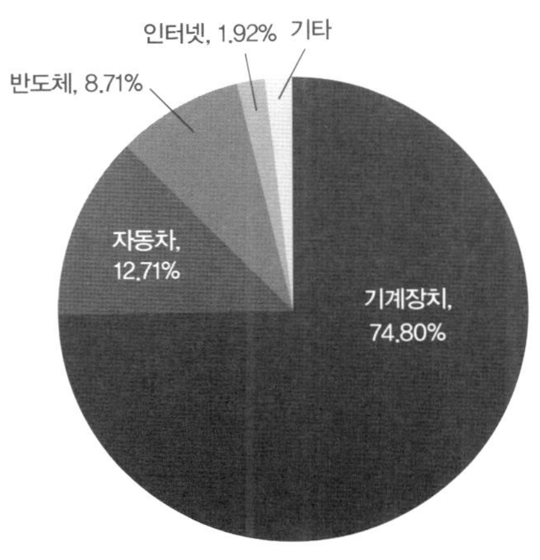

- 스테이블코인의 정의와 장점에 대해 알아보자
- 스테이블코인을 4가지 유형으로 분류해보자
- 확산되고 있는 스테이블코인, 그 역할에 주목하자
- 스테이블코인의 한계를 파악하자
- 스테이블코인 밸류체인과 주요 기업은 어디인가?
- 밸류체인에 따라 접근법이 다른 스테이블코인 테마

# 3

주식시장을
강력하게 이끌
주도주,
# 스테이블코인

# 스테이블코인의 정의와 장점에 대해 알아보자

스테이블코인의 주요 장점으로 꼽히는 가치의 안정성과 디지털 전송성, 프로그래머블, 그리고 가시성과 투명성 등에 대해 설명함으로써 스테이블코인이란 무엇인지 정의한다.

## 스테이블코인의 정의

스테이블코인Stablecoin이란 이름 그대로 '가치가 안정된Stable 암호화폐coin'다. 화폐로 통용되기 위해서는 1) 물건이나 가치의 교환 수단으로 사회구성원들의 인정을 받아야 하고, 2) 재화와 서비스의 가치를 통일된 단위로 측정·비교할 수 있어야 하며, 3) 현재의 구매력을 미래로 이전할 수 있는 수단이 되어야 한다. 기존 암호화폐들은 극심한 가격 변동성으로 화폐로서의 기능을 수행할 수 없었다. 스테이블코인은 이러한 문제를 해결하기 위한 시도로 등장했다.

스테이블코인은 일반적으로 특정자산, 예를 들면 법정 화폐에 가치를 연동$^{peg}$시켜 1:1 비율로 유지되도록 설계된다. 예를 들어 가장 대표적인 스테이블코인인 USDT, USDC는 미국 달러화와 1:1 비율을 유지하도록 관리된다. 이러한 특징 덕분에 스테이블코인은 가치를 저장해 구매력을 미래로 이전하는 기능과 재화와 서비스의 가치를 측정·비교하는 화폐로서의 기본적인 기능을 수행할 수 있다. 아직은 스테이블코인이 실물 경제에서 교환의 매개체로는 잘 쓰이지 않고 있지만, 다양한 블록체인 생태계에서는 기축 암호화폐로의 역할을 수행하고 있다.

스테이블코인은 본질적으로 디지털자산의 기술적 장점과 전통 화폐의 안정성을 결합한 금융 수단이라 말할 수 있다. 블록체인을 기반으로 해 투명한 거래 내역과 스마트 계약을 통한 자동화가 가능하면서도, 사용자는 가치 변동에 대한 우려 없이 자산을 보유하고 거래할 수 있다. 이러한 점을 고려할 때 실물 경제, 전통 금융 시스템과 블록체인 생태계를 이어주는 중요한 역할을 할 것으로 기대한다.

## 스테이블코인의 장점

스테이블코인은 다음과 같은 장점들을 통해 디지털자산 생태계와 실물 경제의 연결고리 역할을 하며 향후 디지털자산 생태계의 확장에 첨병 역할을 할 것으로 전망된다.

**가치 안정성**

스테이블코인의 가장 중요한 특징은 바로 가치 안정성이다. 비트코인이나 이더리움 같은 일반적인 암호화폐는 가격 변동성이 매우 커서 일상적인 결제 수단으로 사용하기 어려웠다. 결제가 진행되기 위해 구매자의 지갑에서 판매자의 지갑으로 전송되는 그 짧은 시간에도 가치가 크게 변할 수 있다는 것은 구매자와 판매자 모두에게 큰 리스크로 작용하기 때문이다.

다른 디지털자산들과 차별화되는 스테이블코인의 핵심적인 특징은 담보 자산을 보유하거나 알고리즘 설계를 통해 가치의 극단적 등락을 방지하고 목표로 하는 가치 수준을 일정하게 유지하는 것이다. 이러한 특징으로 인해 스테이블코인은 기존의 암호화폐와 달리 사용자에게 안정적인 가치를 보장해준다. 따라서 결제·정산·대출 등의 금융 활동에서 실질적인 사용이 가능하고, 현재의 구매력을 안전하게 미래로 이전하는 역할을 수행할 수 있다.

**블록체인 기반의 디지털 전송성**

스테이블코인은 블록체인 위에서 작동한다. 따라서 국경의 제약 없이 인터넷만 연결되어 있다면 24시간 언제든 전 세계 누구에게나 즉시 송금할 수 있다. 중간자가 개입하지 않고 체인 상에서 즉시 진행되기 때문에 기존 금융 시스템보다 빠르고 저렴한 송금이 가능하다. 특히 국가 간 송금이나 크로스체인 금융에서 기존 금융의 송금 시스템인 스위프트SWIFT 대비 뚜렷한 강점을 가진다.

스테이블코인을 활용한 해외송금은 기존 스위프트 기반 해외송금 방식에서 나타난 시간과 비용상의 비효율성을 제거하는 것이 가능하다. 이는 1) 네트워크마다 다소 차이는 있으나 현실적으로 실시간 송금이 가능하고, 2) 각종 은행들과 스위프트를 거치지 않는 만큼 송금 수수료, 중개 수수료, 전신료 등의 비용이 수반되지 않으며, 3) 네트워크를 거치는 과정에서 소액의 수수료만을 부담하기 때문이다.

### 프로그래머블 머니

스테이블코인은 '스마트 계약Smart Contract'이라는 기술을 통해 다양한 금융 서비스에 활용될 수 있다. 스테이블코인을 프로그래머블 머니Programmable Money라고도 표현하는데, 여기서 '프로그래머블'이란 특정 조건이 충족되면 미리 정해둔 규칙에 따라 자동으로 코인이 전송되거나 사용되도록 코딩할 수 있다는 의미다. 예를 들어 스마트 계약에 기반한 대출 서비스에서는 담보물이 일정 가치 이하로 떨어지면 자동으로 청산이 이루어지도록 설정할 수 있다. 이러한 장점은 은행이나 증권사 없이 금융 서비스를 제공하는 DeFi(Decentralized Finance 탈중앙 금융)에서 집중적으로 활용되며, 다양한 블록체인 애플리케이션에서 스테이블코인 중심의 생태계가 성장할 수 있는 기술적 기반이 되었다.

**가시성과 투명성**

스테이블코인의 준비금$^{reserve}$ 현황과 거래 내역은 블록체인 원장에 투명하게 공개되어 누구나 쉽게 확인할 수 있다. 발행사는 주기적으로 준비금 감사 보고서를 공개해 투자자들에게 발행량만큼의 담보 자산을 실제로 보유하고 있음을 증명해야 한다. 이러한 스테이블코인의 가시성과 투명성은 중앙화된 금융 시스템과 달리 신뢰를 제3의 기관에 의존하지 않고 직접 검증할 수 있게 해준다.

# 스테이블코인을
# 4가지 유형으로 분류해보자

모든 스테이블코인은 가격의 안정성을 극대화한다는 동일한 목적을 추구한다. 하지만 이를 구현하기 위한 방식은 개별 코인마다 다르다. 담보의 종류와 가치를 유지하기 위한 메커니즘에 따라 4가지 주요 유형으로 분류할 수 있다.

## 법정화폐 담보형 스테이블코인

법정화폐 담보형Fiat-Collateralized Stablecoin 스테이블코인은 현재 가장 일반적인 형태의 스테이블코인이다. 발행사는 미국 달러($), 유로(€) 같은 법정화폐나 국채, 현금성 자산을 1:1 비율로 준비금으로 보유하고 그에 상응하는 양의 스테이블코인을 발행한다.

준비금으로 보유한 자산 중에서 현금은 투자자의 인출·요구에 응하기 위해 사용되고, 국채는 이자를 거둬 발생사의 주수익원으로 활용된다. 이 방식은 가치 변동이 가장 낮은 자산을 담보로 하기 때

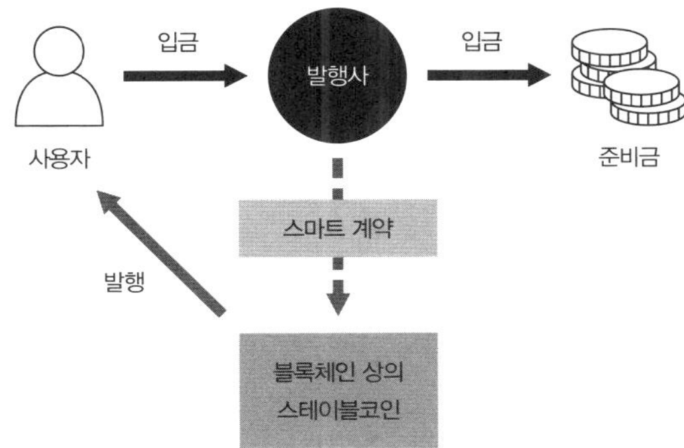


문에 가치 안정성이 가장 높고, 직관적인 구조로 사용자와 투자자들이 이해하기 쉽다.

법정화폐 담보형의 가장 큰 장점은 1:1의 담보 구조로 높은 가격 안정성이 담보된다는 점으로, 가격·가치의 안정성이라는 지향점에 가장 부합하는 형태라 할 수 있다. 또 다른 장점은 실제 법정화폐를 기반으로 하고 있어 규제 친화적이라는 점이다. 현재 스테이블코인에 친화적인 규제안·법안을 준비하는 대부분의 국가의 규제 당국에서도 가장 선호하는 형태다. 마지막 장점은 준비금 보유 내역이 현금과 국채로 이루어지기 때문에 준비금의 가치에 대한 신뢰가 강하다는 점이다. 거래 수단으로 사용하기 위해서는 사람들이 일정량의 코인을 지속적으로 보유하고 있어야 하는데 그 과정에서 생길 수 있는 불안감을 최소화할 수 있다.

법정화폐 담보형 스테이블코인의 대표적인 예는 시가총액이 가장 큰 USDT, 코인 발행사 중 최초로 상장한 서클 인터넷이 발행하는 USDC, 페이팔과 연계되어 있는 PYUSD 등이 있다.

법정화폐 담보형의 가장 큰 단점은 발행사의 통제가 시스템 전반에 영향을 미치기 때문에 디지털자산 생태계의 가장 큰 철학인 탈중앙화와 거리가 멀다는 점이다. 탈중앙화를 최우선 가치로 표방하면서 그 가치를 실현하기 위해 중앙화된 통제 시스템을 구축한다는 것은 굉장한 아이러니가 아닐 수 없다.

## 암호자산 담보형 스테이블코인

암호자산 담보형Crypto-Collateralized Stablecoin은 다른 암호화폐를 담보로 스테이블코인을 발행한다. 담보로 잡힌 암호화폐의 가격 변동성을 고려해, 보통 발행량보다 훨씬 많은 양의 담보를 잡는 초과 담보over-collateralized 방식을 사용한다. 예를 들어 100달러 상당의 스테이블코인을 발행하기 위해 150달러 상당의 이더리움을 담보로 잡는 방식이다. 담보 가치가 일정 수준 이하로 떨어지면 자동으로 청산된다. 법정화폐 담보형과의 가장 큰 차별점은 발행사의 역할이 최소화되고, 정해진 프로토콜을 통해 탈중앙화된 방식으로 운용된다는 점이다.

이 방식의 대표적인 코인은 메이커다오MakerDAO 프로토콜을 통해 발행되는 DAI다. 발행사의 중앙화된 통제가 아닌 커뮤니티 거버넌스를 통해 운영되기 때문에 탈중앙화를 실현하는 강력한 구조를 갖

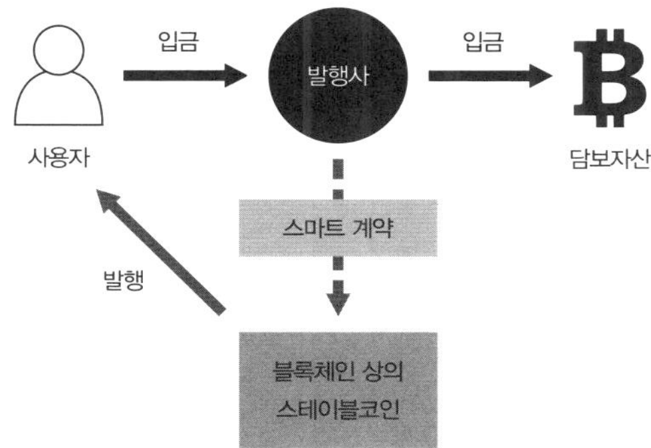



고 있다는 점이 가장 큰 장점이다. 또한 온체인 상에서 검증 가능한 담보 상태를 유지해 사용자와 투자자에게 신뢰를 제공한다는 특징이 있다. 다만 담보 자산이 변동성 높은 디지털자산으로 구성되어 있기 때문에 담보 화폐의 가치 급락 시 프로토콜에 의한 자동 청산의 위험이 존재한다. 또한 직관적으로 이해가 가능한 법정화폐 담보형과 달리 디지털자산에 대한 일정 수준 이상의 이해도가 있어야 한다는 점에서 사용자 접근성이 낮다는 약점이 있다.

## 실물자산 담보형 스테이블코인

실물자산(상품) 담보형Commodity-Backed Stablecoin 코인은 코인 1개의 가치가 특정 상품의 특정 단위(예: 금 1온스)와 동일하게 유지되도록 설계된다. 발행사는 실제로 상품을 매입해 보유하고, 이를 안전한 금고vault 등에 보관해 코인의 가치를 담보하는 수단으로 사용한다. 발행사는 정기적인 외부 감사audit를 통해 실제로 담보 자산을 보유하고 있음을 증명해야 한다.

예를 들어 금을 담보로 한다면 금고에 보관된 금의 양을 공개하고 독립적인 기관의 검증을 받는 방식이다. 이런 종류의 코인들은 실물 상품에 대한 소유권을 디지털 토큰으로 변환Tokenize한 것으로 볼 수 있다. 토큰을 보유하는 것은 해당 실물자산의 일부에 대한 소유권을 갖는 것과 동일한 경제적 효과를 누릴 수 있다. 실물 경제와의 직접적 연계가 특징이며, 가치 저장이나 투자의 수단으로 주로 사용되고 있다.

이 방식의 대표적인 코인은 실물 금을 담보로 하는 PAXG다. PAXG 코인 1개는 런던 금시장 연합LBMA의 인증을 받은 금 1 트로

**실물자산 담보형 스테이블코인 발행구조**

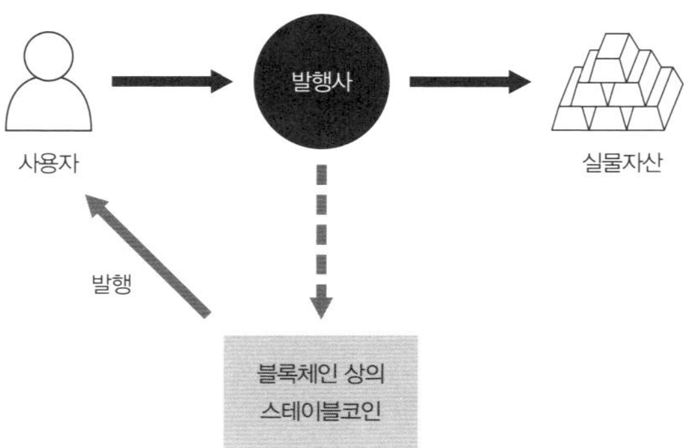

이온스(금·은 귀금속 무게를 재는 단위)의 소유권을 나타낸다. 실제 실물자산을 매매·보유하는 데 들어가는 높은 비용, 낮은 유동성과 같은 비효율성을 해소한다는 점과 높은 기본 거래 금액과 같은 제약을 완화해 전통적인 실물투자의 접근성을 높여준다는 장점이 있다. 또한 실물자산을 가치의 준거로 사용하기 때문에 인플레이션 시기에 가치가 상승하는 경향이 있어 법정화폐의 가치 하락에 대한 헤지 수단으로 활용할 수 있다.

다만 담보자산의 취득과 보관 비용이 직접 발생하지 않는다고 하더라도 결국은 발행사를 통해 코인 보유자에게 수수료의 형태로 물리적 보관 비용이 전가된다는 단점이 있다. 또한 법정화폐 담보형과 마찬가지로 담보 자산의 보관 및 관리가 중앙화된 발행사에 의해 이루어지기 때문에 발행사의 투명성과 신뢰성에 의존해야 하는 중앙화된 시스템이라는 점도 단점으로 지적된다. 마지막으로 법정화폐보다 실물자산에 대한 수요가 훨씬 적기 때문에 코인의 유통성도 법정화폐 담보형보다 떨어진다.

## 알고리즘 기반 스테이블코인

알고리즘 기반Algorithmic Stablecoin 스테이블코인은 어떠한 담보나 준비금도 사용하지 않고, 오직 알고리즘과 스마트 계약에 의존해 가치를 유지한다. 가격의 변화가 생기면 코인의 수요와 공급을 조절하는 방식으로 작동한다. 예를 들어 코인 가격이 1달러 위로 올라가면 알고리즘이 자동으로 코인을 추가 발행해 가격 하락을 유도하고, 1달러 아래로 내려가면 코인을 매수한 뒤 소각해 가격 상승을 유도한다. 어떠한 담보 자산 없이 가격을 유지한다는 점에서 다소 실험적 형태라고 볼 수 있다. 중앙화된 준비금을 제거하고, 완전한 탈중앙 자율 통화를 목표로 한다.

알고리즘 기반 스테이블코인은 완전한 탈중앙 구조를 추구하고, 담보 자산 없이 발행이 가능하기 때문에 자본의 효율성이 극대화된다는 장점이 있다. 그러나 시장에 예기치 못한 극심한 변동성이 발생하는 경우 알고리즘이 의도대로 작동하지 않아 가치 붕괴(디페깅)가 발생할 위험이 있다. 과거 디지털자산 시장 전체를 휘청하게 만들었던, 그리고 한국인에게는 더욱 익숙할 수밖에 없었던 테라의 UST 사태가 대표적인 알고리즘 기반 스테이블코인의 대표적인 실패 사례로 평가된다.

# 확산되고 있는 스테이블코인, 그 역할에 주목하자

스테이블코인이 실물 경제에서 가장 활용도가 높을 것으로 기대되는 국제 송금과 결제 시스템을 예시로 들어 기존의 전통 금융 시스템과 스테이블코인 시스템을 비교해본다.

## 스테이블코인의 활용도가 높아지고 있다

### 국제 송금의 새로운 대안(vs 전통 은행)

기존 은행을 통한 해외 송금은 높은 수수료와 복잡한 절차, 그리고 긴 처리 시간이 단점으로 지적되어왔다. 반면 스테이블코인을 사용하면 중개 은행을 거치지 않고 P2P<sup>Peer-to-Peer</sup> 방식으로 자금을 보낼 수 있다. 이러한 특징은 송금 수수료를 극적으로 낮추고, 거래 시간을 몇 분 이내로 단축시킬 수 있게 한다. 예를 들어 미국에서 한국으로 $1,000를 송금할 때 기존 은행은 수십 달러의 수수료와 며칠

의 시간이 걸리지만, 스테이블코인을 사용하면 수수료가 몇 센트에
불과하며 몇 분 내에 거래가 완료된다.

### 결제의 새로운 수단(vs 신용카드)

스테이블코인을 활용한 결제는 기존 신용카드 결제와는 프로세
스가 근본적으로 다르다. 현재 가장 많이 사용되고 있는 신용카드
결제는 카드사, PG사(결제대행사), 밴사(VAN) 등 여러 분산된 역할을
담당하는 중개 기관의 개입이 필수적이다. 반면 스테이블코인 결제
는 블록체인 네트워크를 통해 직접 거래가 이루어지므로, 중개 기관
의 역할이 크게 줄어든다. 이러한 결제 편의성과 저비용 구조로 인
해 스테이블코인은 다양한 결제에서 폭넓게 활용도를 높이며 결제
규모 면에서도 고성장세를 유지하고 있다.

**주요 카드결제 네트워크와 스테이블코인의 결제 규모**

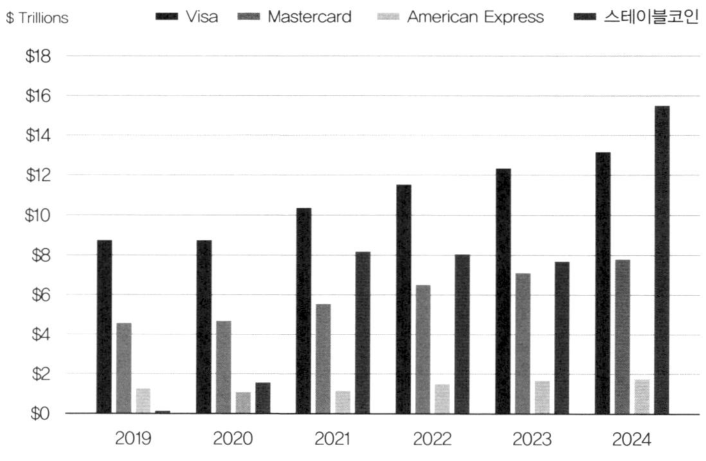


출처: Ark

## 그 외에도 주목받는 사용처

스테이블코인은 송금과 결제 외에도 여러 사용처에서 존재감을 키워가고 있다. 특히 자국 통화의 가치 변동성이 크고, 다양한 결제 인프라가 갖추어지지 않은 신흥국에서는 가치 저장과 결제의 수단으로 자국의 법정화폐보다 선호되기도 한다.

또한 스테이블코인을 예치해 이자를 받거나, 다른 암호화폐를 담보로 스테이블코인을 대출을 받는 등 탈중앙 금융에서 핵심 결제 자산으로 자리 잡고 있다. 이는 사용자에게 전통 금융 기관을 거치지 않는 새로운 금융 경험을 제공한다.

스테이블코인은 단순히 변동성이 낮은 암호자산을 넘어, 디지털 금융 시스템과 실물 경제 사이를 연결하는 매개체 역할을 수행하고 있다고 할 수 있다.

# 스테이블코인의 한계를 파악하자

스테이블코인은 가파른 성장세를 보이며 주류 금융에 안착할 것이라는 긍정적인 전망과 기대를 많이 받고 있기는 하지만, 여전히 넘어야 할 많은 한계점이 또한 존재하는 것으로 지적된다.

## 활용 지역의 한계

아르헨티나, 베네수엘라, 터키 등과 같이 극심한 인플레이션과 통화가치 불안정이 지속되고 있는 국가들에서는 시민들이 신뢰할 수 없는 자국 화폐 대신 가치가 안정적인 달러화를 통해 결제를 받고 자산을 형성하고 싶어 한다. 그러나 대부분의 신흥국은 외화를 통한 결제나 보유가 자유롭지 않은 것이 현실이다.

이러한 환경에서 신흥국의 경제 주체들은 USD와 가치가 연동된 스테이블코인으로 대금을 결제받고, 자산을 축적하는 선택을 하

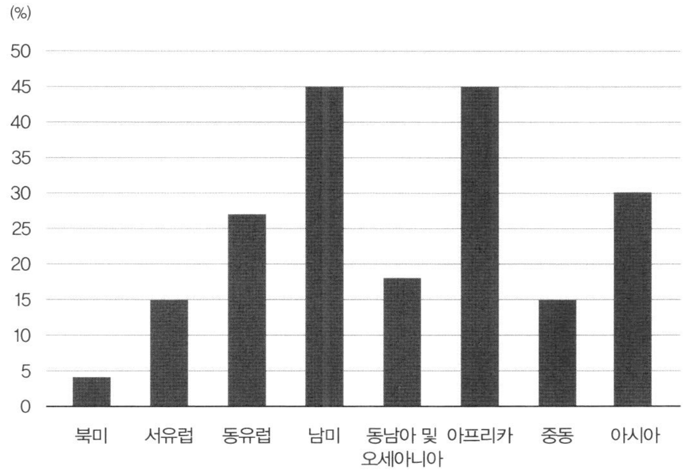

게 된다. 이는 스테이블코인이 본연의 장점으로 활용되고 있다기 보다는 '가치가 연동된 미달러화를 보유하기 위한 어쩔 수 없는 차선의 선택지'로 활용된 것이라는 점에서 한계를 보여준다고 말할 수 있다.

실제 시장 조사기관인 ChainAnalsis에 따르면 2023-2024년 스테이블코인 결제의 지역별 성장률은 자국 화폐 가치가 불안정한 남미, 아프리카, 동유럽, 동아시아 등에서 아주 높게 나타난 반면, 자국 화폐의 가치 변동이 낮은 미국과 서유럽 등에서의 결제액 성장률은 여전히 높지 않은 것을 확인할 수 있다.

## 활용 분야의 한계

　스테이블코인은 많은 기술적 장점으로 활용처가 빠르게 확대되고 있다. 그렇지만 여전히 주된 활용처가 암호화폐 거래용으로 한정되고 있다는 점은 문제다. 즉 사용층과 사용처의 저변 확대가 숫자로 보이는 것보다 더디다는 점이 한계점으로 지적되고 있다.

　스테이블코인을 사용하기 위해서는 지갑Wallet을 만들고 관리해야 하며, 프라이빗 키Private Key에 대한 이해, 네트워크 수수료Gas Fee등 기존 금융 사용자에게는 생소한 블록체인 기술과 관련된 배경 지식이 요구된다. 이런 다양한 요구 지식은 결국 스테이블코인의 진입 장벽을 높게 만들어 활용 주체의 확산에 제약이 되고 있다.

**스테이블코인의 거래 목적별 비중**

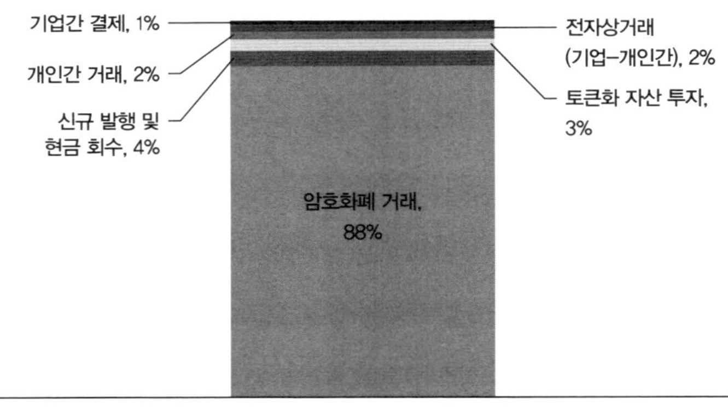


출처: BCG Stablecoin White paper 2025

세계적인 컨설팅 회사인 BCG에서 2025년 발간한 스테이블코인 백서에 의하면, 여전히 스테이블코인의 사용을 거래 목적별로 분류할 때 절대 다수인 88%가 암호화폐 거래에서 결제용 화폐로 사용한 것으로 나타난다. 송금과 결제는 약 6%에 불과하고, 토큰화 자산에 투자한 거래 역시 약 3% 정도밖에 되지 않았다.

다양한 경제 주체가 다양한 사용 목적을 위해 스테이블코인을 활용하는 것이 아니라, 디지털자산의 밝은 미래를 확신하는 소수 계층에서만 활용되고 있다는 점에서 아직 진정한 의미의 확산이 이루어지지는 않고 있는 것으로 평가할 수 있다.

# 스테이블코인 밸류체인과 주요 기업은 어디인가?

스테이블코인은 단순한 '가격 안정형 디지털자산'에서 글로벌 금융·기술 생태계의 핵심 기축 자산으로 진화하고 있다. 이번 장에서는 스테이블코인의 생태계를 다양한 역할별로 분류해보고 주요 기업들에 대해 알아본다.

## 발행사 : 생태계의 기반을 다지다

스테이블코인의 발행사는 코인 가치의 안정성을 보장하고 담보 자산을 관리하는 핵심 주체다. 발행사는 스테이블코인의 발행과 소각을 담당할 스마트 컨트랙트를 설계하고, 준비금을 어떤 비율로 구성해 코인의 신뢰성을 강화할 것인지, 그리고 어떤 파트너들과 어떻게 유동성을 공급해 코인의 사용성을 개선할 것인지 등을 결정하고 이를 토대로 스테이블코인을 운영한다. 이들의 신뢰도와 투명성이 스테이블코인의 성공에 가장 중요한 요인이라고 할 수 있다.

스테이블코인의 발행 규모와 사용처 등에서 가장 대표적인 회사는 테더Tether와 서클Circle이다. 시가총액 측면에서 업계 1위인 테더가 아직 상장되지 않았기 때문에 시가총액 2위인 USDC의 발행사 서클 인터넷Circle Internet을 중심으로 살펴본다. 서클은 소비자가 스테이블코인 구매를 위해 법정 화폐, 즉 달러화를 지불하면 구매자에게 스테이블코인 USDC를 지급하고, 구매자에게 받은 달러화를 서클 준비금 펀드Circle Reserve Fund를 통해 운용한다.

USDC의 가치를 담보하기 위해 준비금은 변동성이 매우 낮은 초단기 미국 국채와 환매조건부 채권, 그리고 투자자 인출에 대비한 일부의 현금으로 운용되고 있으며, 여기서 발생하는 이자수익이 발행사인 서클의 매출액으로 집계된다. 참고로, 자금의 수탁은 BNY 멜론BNY Mellon 은행이 담당하고, 준비금 자금 운용은 블랙록BlackRock에서 담당한다.

## 거래소 : 스테이블코인에 유동성과 접근성을 제공하다

거래소는 사용자가 법정화폐를 입금하고 스테이블코인을 구매하는 'On-ramp' 기능을 하거나, 반대로 스테이블코인을 팔아 법정화폐로 출금하는 'Off-ramp' 역할을 수행함으로써 스테이블코인에 유동성과 접근성을 제공한다. 사용자와 발행사 간의 거래를 지원하는 것 외에도 거래소는 스테이블코인 자체를 상장시켜 사용자와 투자자 간의 거래가 가능하도록 한다. 이는 스테이블코인의 가격이 정해진 가격을 벗어나는 경우 차익거래의 기회를 투자자에게 제공함으로써 실제로 스테이블코인의 가격이 안정적으로 유지되는 매커니즘이 실제로 작동하는 장소로서의 역할을 수행한다. 즉 거래소는 스테이블코인이 다양한 결제, 담보, 유동화 경로에서 빠르게 회전할 수 있도록 유동성을 제공하고, 안정적인 가치를 유지하도록 해 스테이블코인의 일상생활 실용화의 기반을 마련하는 데 기여한다.

거래소를 대표하는 기업으로는 코인베이스<sup>Coinbase</sup>와 로빈후드<sup>Robin Hood</sup>를 들 수 있다. 코인베이스는 미국 최대의 디지털자산 거래소다. 2012년에 설립되었으며, 암호화폐 거래소 중 최초로 2021년 미국 나스닥에 상장해 제도권 내 암호화폐 기업의 상징으로 여겨지고 있다.

코인베이스의 주요 사업 모델과 서비스는 개인 투자자부터 기관투자자까지 아우르는 다양한 영역을 포괄하고 있으며, 거래 수수료, 예치 이자, 수탁 등 다양한 밸류체인의 영역에서 수익을 창출하고 있다. 또한 USD를 거래소 내의 기축 통화로 활용하는 대가로 USDC의 발행사인 서클로부터 상당한 수익을 분배받고 있다.

로빈후드는 주식, 옵션, 디지털자산 등 다양한 금융 상품 거래를 수수료 없이 제공하는 미국의 핀테크 플랫폼이다. 암호화폐 사업은 로빈후드의 핵심 성장 동력 중 하나이며, 특히 2025년 1분기 기준으로 전년 대비 100% 이상 성장하며 전체 거래 기반 매출액의 43%를 차지하는 수준까지 급성장하고 있다. 특히 미국의 퇴직연금인 401K에서 디지털자산의 투자가 허용됨에 따라 전통자산과 디지털자산의 거래가 단일 플랫폼 내에서 가능한 동사의 수혜가 예상된다는 점에서 더욱 주목된다. 2025년 6월에는 유럽의 대형 암호화폐 거래소인 비트스탬프<sup>Bitstamp</sup> 인수를 완료하며 글로벌 및 기관투자자 대상의 암호화폐 서비스를 확대하고 있다.

## 수탁사 : 스테이블코인의 안전을 책임지다

수탁사<sup>Custodian</sup>는 개인이나 기관을 대신해 금융 자산을 안전하게 보관하고 관리하는 전문 금융 기관을 의미한다. 전통 금융에서 수탁은행<sup>Custodian Bank</sup>은 고객의 자산(증권, 현금)을 물리적으로 보관하고 거래의 결제<sup>Settlement</sup>, 보고서 작성, 규제 준수 지원 등의 관리 업무를 수행한다. 고객의 자산을 회사 고유 자산과 분리 보관해 회사가 파산하더라도 고객 자산이 보호되도록 한다. 디지털자산 시장에서 수탁사는 전통 금융에서의 역할과 함께 다음과 같은 독특한 역할을 추가로 수행하기 때문에 생태계에서 차지하는 중요성이 매우 크다.

- 개인 키 관리<sup>Private Key Management</sup>: 디지털자산의 소유권은 해당 자산을 전송할 수 있는 비밀번호인 개인 키를 통제하는 것에 달려 있다. 수탁사는 이 개인 키를 고객 대신 최첨단 보안기술로 안전하게 보관·관리한다.

- 보안 강화: 암호화폐는 한 번 전송되면 되돌릴 수 없기 때문에 해킹, 분실 등의 위험이 매우 높다. 수탁사는 이러한 위험을 최소화하기 위해 노력한다.

수탁사는 스테이블코인의 투자자를 보호하고 신뢰를 확보하는 역할뿐 아니라 대형 연기금, 자산 운용사와 같이 엄격한 보안과 규제 기준을 요구하는 기관투자자들이 디지털자산 시장에 진출할 수 있는 환경을 조성함으로써 디지털자산 확산의 교두보 역할을 한다고 할 수 있다.

암호화폐 수탁 시장은 기관투자자들이 대거 진입하면서 전통 금융사와 암호화폐 전문 기업 간의 경쟁이 가장 치열한 분야이기도 하다. 암호화폐 전문 기업 중 가장 돋보이는 곳은 코인베이스의 계열사인 코인베이스 커스터디Coinbase Custody다. 코인베이스의 자회사로, 디지털자산 업계에서 태생한 전문 기업 중에서는 가장 규제 준수에 초점을 맞추고 높은 신뢰를 구축한 곳으로 평가받고 있다. 비트코인 현물 ETF를 운용하는 블랙록과 같은 대형 자산운용사들의 주요 수탁사로 선정되며 눈에 띄게 성장하고 있다.

전통 금융시장의 수탁사로는 BNY 멜론을 주목하고 있다. 세계에서 가장 오래된 전통 금융 수탁 전문 은행 중 하나로, 전통 금융시장에서 압도적인 신뢰도와 자산규모를 자랑한다. 2020년대 초반부터 디지털자산 수탁 플랫폼을 구축해 전통 자산과 디지털자산을 동시에 보관·관리할 수 있는 서비스를 제공하고 있다. 이러한 서비스는 전통적인 투자 포트폴리오에 디지털자산을 편입하려는 기관투자자들에게 큰 이점으로 작용하고 있다. 또한 서클의 USDC 준비금 계좌의 수탁사로 선정되어 높은 신뢰 수준의 서비스를 보여주고 있다.

이 외에도 소파이SoFi, 블랙록Blackrock, 비자Visa, 스테이트 스트리트StateStreet 등 다양한 기업들이 스테이블코인과 디지털자산 생태계로의 진출을 통해 새로운 성장 동력을 찾기 위한 노력을 기울이고 있다.

# 밸류체인에 따라 접근법이 다른 스테이블코인 테마

스테이블코인은 국제 송금, 결제 등으로 점차 그 영역을 확대하며 전통 화폐의 지위를 위협하는 수준까지 성장세를 이어가고 있다. 스테이블코인의 폭발적인 성장세는 투자자의 입장에서도 매력적인 투자 기회를 제공한다.

## 발행사 : 스테이블코인 시장 성장의 직접적 수혜

먼저, 스테이블코인의 성장세가 지속 혹은 가속화될 것이라고 믿는 투자자는 발행사에 대한 투자를 고려해볼 수 있다. 발행사는 매출액과 이익이 스테이블코인의 발행액(혹은 시가총액)과 비례해 성장한다. 그러므로 스테이블코인 시장의 성장에 대한 수혜를 가장 직접적으로 받는다고 할 수 있다. 그러나 발행사에 투자할 경우에는 고려해야 할 위험 요인이 몇 가지 존재한다.

첫째, 현재는 발행사 중에 서클 인터넷만이 상장되어 있기 때문에 희소성 프리미엄이 주가의 밸류에이션에 포함되어 있을 것이고, 향후에 데터<sup>Tether</sup>나 팍소스<sup>Paxos</sup> 등의 주요 발행사가 상장하게 되면 이러한 희소성 프리미엄이 희석될 것이다.

들째, 현재 발행사의 수익 구조가 준비금에서 발생하는 이자수익에 너무 의존적이라는 점이다. 지금과 같이 미국 연준의 금리 인하 기조가 지속된다면 발행사의 이자수익도 계속 감소할 수 있기 때문에 스테이블코인의 성장이 금리 하락의 부정적 효과로 상당 부분 희석될 수 있다는 점도 고려해야 한다.

## 거래소 : 기대수익률은 낮을 수 있으나 높은 승률 기대

발행사에 대한 투자 대신 거래소에 대한 투자도 고려해볼 수 있다. 거래소 투자는 스테이블코인이 디지털자산 거래용이 아닌 다른 전통 금융의 영역으로 확산되어 사용될 경우에는 수혜를 보지 못할 수도 있다. 그러나 지금까지 스테이블코인의 사용처 중에 가장 높은 비중을 차지하는 것이 디지털자산 거래용이었다는 점에서 충분히 고려해볼 수 있는 대안이다. 또한 현재까지 거래소는 발행사 대비 압도적인 시장 지배력을 갖고 있어 발행사 입장에서는 거래소에서 자사의 스테이블코인을 거래용 기축통화로 채택해주기를 바라고 있다.

코인베이스<sup>Coinbase</sup>에서 USDC를 기축통화로 사용하면서 USDC가 폭발적인 성장을 계속했고, 서클은 이에 대한 대가로 준비금에서 발생하는 이자수익의 상당 부분을 코인베이스에 고객유치 비용으로 지불하고 있다. 그러므로 디지털자산 거래소 역시 스테이블코인 발행량 증가, 사용처 확대 등에 간접적인 수혜를 보는 대표적인 밸류체인이라고 판단할 수 있다. 오히려 경쟁에서 승리해야 하는 발행사보다 기대수익률은 낮을지 몰라도 승률은 더 높을 것으로 기대되는 투자처라고 할 수 있다.

## 수탁은행 : 실적 성장률 면에서는 매력이 반감

마지막으로, 수탁은행에 대한 투자를 고려해볼 수 있다. 스테이블코인과 디지털자산의 확산을 위해 기관투자자의 참여가 필수적이고, 투자자들의 신뢰 형성을 위해서도 신뢰성 높은 수탁 기관의 역할이 매우 중요하다. 디지털자산 시장의 성장에 필수적인 밸류체인으로 가시성 높은 성장이 담보된다는 점에서 매력적인 투자 대안으로 평가되고 있다.

그러나 기존의 전통 금융에서 기반이 탄탄한 수탁은행들이 차세대 성장 동력으로 스테이블코인의 수탁 사업을 진행하고 있기 때문에 해당 기업들의 성장률, 혹은 사업에서 차지하는 스테이블코인 수탁 관련 매출의 비중이 미미할 수밖에 없다. 이 때문에 기업 전체의 성장성을 극적으로 상승시키지 않는다는 면에서 다소 매력이 반감될 수 있다는 점도 감안해야 할 것이다.

# Circle Internet Group, Inc.
## (CRCL-US)

* Relative: S&P 500 Index
* 시가총액(백만 달러): 36,292

### ◆ 기업 개요

- 2013년 10월 Jeremy Allaire와 Sean Neville에 의해 설립된 글로벌 핀테크 기업. 스테이블코인의 발행과 블록체인 인프라를 구축하는 것이 주된 사업 영역
- 스테이블코인 네트워크 운영을 기반으로 준비금 운용을 통해 수취하는 이자 수익 외에도 다양한 결제, 금융 애플리케이션, 기업용 계좌 서비스 및 개발자 API 제공을 통해 수익을 창출
- USDC는 미국 달러에 1:1로 고정된 법정화폐 담보형 스테이블코인으로, USDT에 이어 세계 2위의 시가총액을 기록중($ 740억)
- 스테이블코인 발행에 있어 규제 준수와 투명성을 최우선으로 하며, 유럽의 MiCAR 등 글로벌 규제에 선제적으로 대응
- 글로벌 규제 프레임워크를 선제적으로 준수해, 디지털자산의 기관투자자 채택과 제도권 진입에 기여

- USDC의 준비금은 현금 및 단기 미국 국채 등 유동성이 높은
  자산으로 구성되며, BNY 멜론에 100% 수탁
- Visa, Deutsche Börse 등 전통 금융 및 결제 분야의 거대 기
  업들과 협력해 스테이블코인의 주류 채택을 가속화

**◆ 투자 포인트**

- 현재 유일하게 상장되어 있는 스테이블코인의 발행사
- 가장 규제 친화적이기 때문에 규제 변화나 법적인 이슈로 인한
  노이즈에 대한 우려 없이 스테이블코인 확산에 투자 가능
- 현재 암호화폐 거래에 집중된 스테이블코인의 실물자산 토큰
  화(RWA), 탈중앙 금융(DeFi) 등으로 사용처가 다변화될수록 주
  식시장에서 투자자들의 관심과 이목이 집중될 것으로 기대

**◆ 리스크**

- 2020년 준비금을 예치하고 있던 실리콘밸리 은행의 파산과정
  에서 신뢰도 저하를 겪으며 가치가 USD와 디페그된 경험
- 매출 구성이 전부 준비금의 운용 이자에서 발생하고 있기 때문
  에 미국 금리 인하가 진행될수록 수익이 저하
- 스테이블코인의 시장 규모가 성장하더라도 암호화폐 거래용에
  머무르면 디레이팅[de-rating]이 진행될 것으로 우려

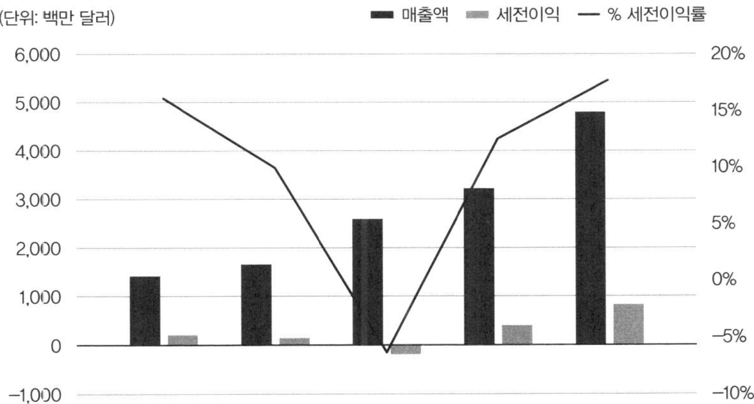
(단위: 백만 달러)
매출액
세전이익
% 세전이익률
6,000
5,000
4,000
3,000
2,000
1,000
0
−1,000
20%
15%
10%
5%
0%
−5%
−10%

# Coinbase Global, Inc.
(COIN-US)

* Relative: S&P 500 Index
* 시가총액(백만 달러): 95,124

◆ **기업 개요**

- 2012년 브라이언 암스트롱Brian Armstrong과 프레드 어샘Fred Ehrsam에 의해 설립된 미국 최대의 암호화폐 거래소

- 2021년 4월 나스닥 거래소에 상장되었으며, 암호화폐 거래소 관련 기업 중 현재까지 유일하게 상장된 회사

- 업종이 금융업으로 분류되어 나스닥100 지수에 편입되지 못하지만, 2025년 5월 S&P500 지수에 편입되어 암호화폐 거래소로서 대표성을 인정받음

- 암호화폐 거래소를 주된 사업으로 하며, 수탁과 지갑, USDC 발행 등 밸류체인 전반을 폭넓게 서비스

- 미국 내에서 가장 규제 준수를 철저히 하는 암호화폐 거래소인 것으로 평가받고 있으며, 플랫폼 신뢰도와 안전성이 주된 경쟁력으로 꼽힘

- 전 세계 100개국 이상으로 서비스 지역을 확대중이며, 현재 지
  역별 매출 비중은 미국 83%이고 그외 17%
- 매출 비중 : '거래 수수료 52% + USDC 수익 배분 14% + 스테
  이킹 서비스 11%' 등으로 구성

◆ **투자 포인트**

- 서클 인터넷의 주요 사업 파트너 겸 주주로서 USDC 수익의 상
  당 부분을 분배받기 때문에 USDC 성장의 수혜
- 스테이블코인 외에도 다양한 암호화폐 시장의 성장으로 인한
  거래금액 증가에도 가장 직접적 수혜가 가능
- 수탁 분야에서도 높은 신뢰성을 기반으로 다양한 기관 고객을
  유치중이기 때문에 암호화폐의 제도권 진입에도 수혜
- 지역적, 사업 분야적으로 가장 폭넓은 기반을 갖고 있기 때문에
  가장 안정적인 성장 흐름을 이어갈 것으로 기대

◆ **리스크**

- 주요 국가들의 암호화폐 관련 정책, 규제의 변화 : 보안 관련 투
  자의 증가, 마케팅 비용의 증가 등의 영향

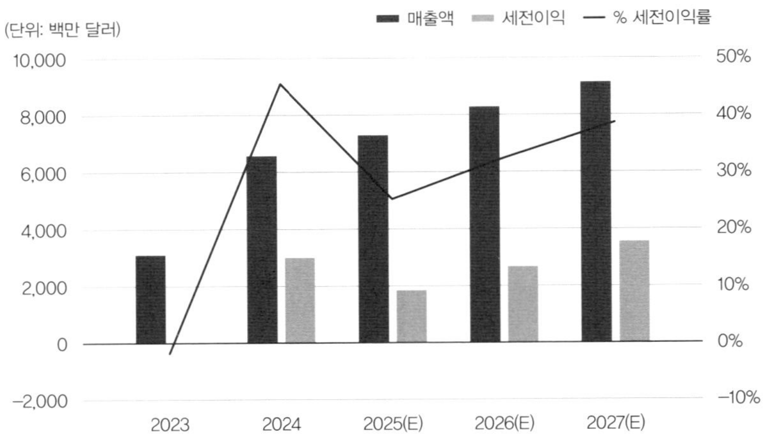
(단위: 백만 달러)
매출액
세전이익
% 세전이익률
10,000
8,000
6,000
4,000
2,000
0
−2,000
50%
40%
30%
20%
10%
0%
−10%
2023
2024
2025(E)
2026(E)
2027(E)

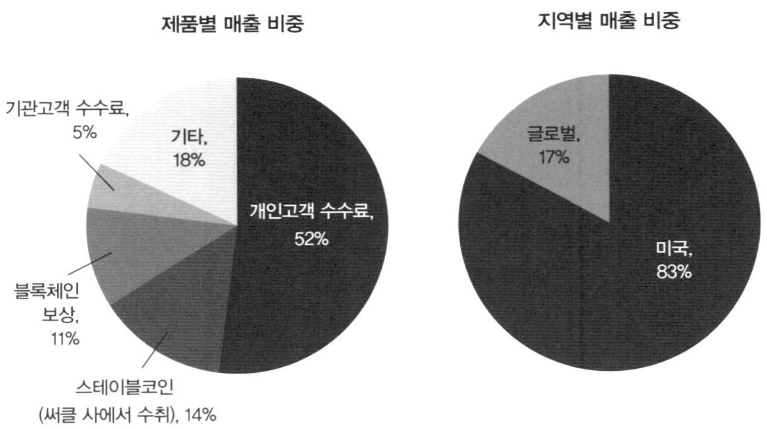
제품별 매출 비중
기관고객 수수료,
5%
기타,
18%
개인고객 수수료,
52%
블록체인
보상,
11%
스테이블코인
(써클 사에서 수취), 14%
지역별 매출 비중
글로벌,
17%
미국,
83%

# Robinhood Markets, Inc.
(HOOD-US)

* Relative: S&P 500 Index
* 시가총액(백만 달러): 126,181

◆ **기업 개요**

- 2013년 블라디미르 테네브<sup>Vladimir Tenev</sup>와 바이주 바트<sup>Baiju Bhatt</sup>에 의해 설립된 핀테크 기업

- 주식, ETF, 옵션, 암호화폐 등의 다양한 금융 상품에 대해 직관적이고 편리한 UI를 통해 쉽게 거래할 수 있는 플랫폼을 제공

- '금융의 민주화'라는 비전으로 설립되었으며, 젊은 개인 투자자를 고객층으로 성장해옴

- 수수료 무료<sup>Zero-commission</sup>: 로빈후드의 가장 큰 혁신은 거래 수수료 없이 거래하는 플랫폼이라는 점

- 이와 더불어 미사용 현금에 대한 운용 수익과 구독 서비스를 통한 수익 등으로 매출이 구성되어 있음

- 자체 신용카드 출시, 유럽 등 해외시장 진출, 뱅킹 사업 진출 등 지역적 확장과 사업 영역 확장을 추진중

- 투자자에게 인기 많은 미국 주식을 토큰화해 미국 주식에 접근
  이 어려운 해외 개인투자자에게 제공하는 등 다양한 블록체인
  기술을 활용한 신규 사업 확장도 진행중
- 2021년 나스닥 거래소에 상장했으며, 업종 분류는 금융업으로
  되어 있어 나스닥100 지수 편입은 불가능

#### ◆ 투자 포인트
- 가장 전통적인 금융 영역에서 가장 혁신적인 사업 모델로 성장
  하고 있는 기업
- 특히 젊은 고객층에서의 높은 충성도를 바탕으로 해당 고객군에
  서 많은 관심을 보이는 암호화폐 영역으로 지속적으로 확장중
- 미국의 규제 완화로 인해 401K에서 암호화폐 투자가 가능해지
  면, 전통 금융 상품의 거래 플랫폼과 고객 기반을 갖고 있으면
  서 암호화폐 거래도 가능한 플랫폼의 가치가 부각될 것

#### ◆ 리스크
- 동사의 주 수익원인 '고객의 주문을 유동성 공급자에게 넘기고
  리베이트를 받는 구조'에 대한 규제가 생길 수 있음
- 401K에 암호화폐 투자가 허용되는 경우, 전통 금융업자들이
  대거 암호화폐 사업에 진출하며 경쟁 강도가 상승할 수 있음

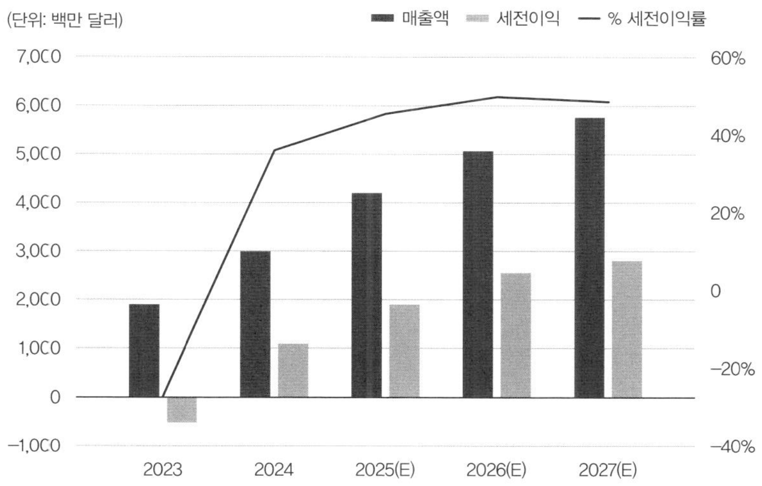


(단위: 백만 달러)
매출액  세전이익  % 세전이익률
7,000
6,000
5,000
4,000
3,000
2,000
1,000
0
-1,000
60%
40%
20%
0
-20%
-40%
2023  2024  2025(E)  2026(E)  2027(E)


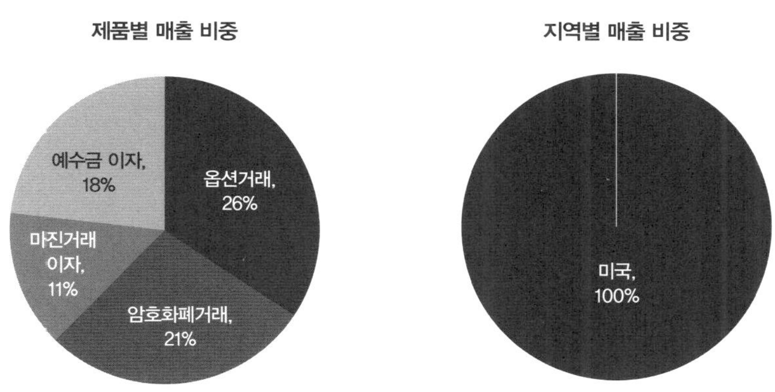


제품별 매출 비중
예수금 이자, 18%
옵션거래, 26%
마진거래 이자, 11%
암호화폐거래, 21%
지역별 매출 비중
미국, 100%

# Figure Technology Solutions, Inc. (FIGR-US)

* Relative: S&P 500 Index
* 시가총액(백만 달러): 9,209

## ◆ 기업 개요

- 2018년 소파이<sup>SoFi</sup> 공동창업자였던 마이크 캐그니<sup>Mike Cagney</sup>와 준 아우<sup>Jun Ou</sup>가 창립한 블록체인 기반 핀테크 기업

- 2025년 9월에 기업 공개를 통해 나스닥에 상장

- 회사의 핵심 비전 : 블록체인 기술을 통해 금융의 '신뢰'를 기술 기반의 '진실'로 대체하는 것

- 자체 개발한 Provenance 블록체인을 활용해 기존 전통 금융에서의 대출 실행 속도를 비약적으로 단축

- 블록체인 기반의 대출<sup>Lending</sup> 서비스. 특히 주택담보대출을 주력으로 빠른 실행 속도가 장점

- 실물자산 토큰화(RWA, Real-World Asset Tokenization). 주택담보대출 채권 등과 같은 실물 금융 자산을 블록체인상의 토큰 형태로 발행하고, 거래할 수 있는 인프라를 제공

- 대출 자산의 발행, 유통·관리를 Provenance 블록체인상에서
  처리하는 플랫폼을 파트너 금융기관에 B2B로 제공해 대출자
  산의 효율적이고 투명한 2차 시장 거래가 가능하도록 하는 역
  할을 수행

**◆ 투자 포인트**

- 스테이블코인과 블록체인 기술을 활용해 기존의 전통 금융과
  는 차별화된 서비스와 경쟁력을 제공
- 향후 스테이블코인의 발전·확산 방향이 전통 금융과의 융합,
  실물자산 토큰화 등에서 이루어진다면, 현재까지의 금융 회사
  중에서 가장 완성도 높은 기술력과 다양한 노하우를 가진 회사
  로 평가받음
- 다양한 전통 금융 회사들과의 협업이 확산될 것으로 기대

**◆ 리스크**

- Provenance 블록체인에 대한 기술 의존성이 높기 때문에 해
  당 체인에 기술적 결함, 보안 취약점 등이 발견되는 경우, 회사
  의 핵심 비즈니스 모델과 성공적 운영에 심각한 영향을 미칠
  수 있음
- 기술적 우위에도 불구하고 전통 금융사의 더딘 기술 채용으로
  확산 속도가 기대에 못 미칠 수 있음

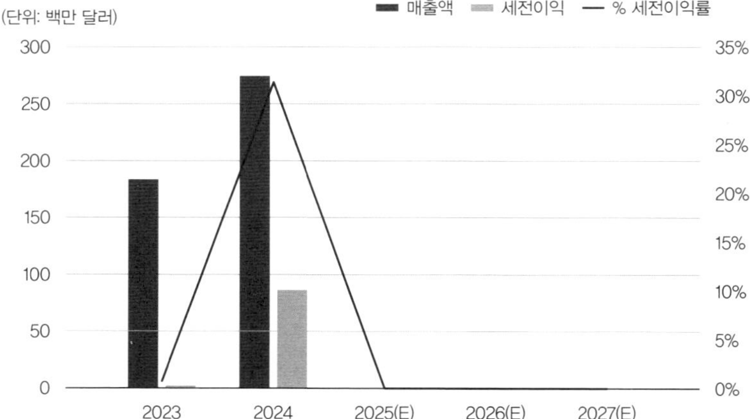

(단위: 백만 달러)
매출액
세전이익
% 세전이익률
300
250
200
150
100
50
0
35%
30%
25%
20%
15%
10%
5%
0%
2023
2024
2025(E)
2026(E)
2027(E)

# Global X Blockchain ETF
(BKCH US EQUITY)

| ETF 이름 | Global X Blockchain ETF |
|---|---|
| 티커 | BKCH US EQUITY |
| 운용사 | Global X Management Company LLC |
| 펀드 분류 | Global / Sector / Technology |
| 최초 상장일 | 2021-07-14 |
| 시가총액 | USD 448.5 Million |
| 총 보수 | 0.500% |
| 리밸런싱 주기 | 연 2회 |

Global X Blockchain ETF는 블록체인 생태계를 구성하고 지원하는 다양한 기업들에 분산 투자함으로써, 특정 암호화폐(코인)에 직접 투자하는 것이 아니라 블록체인 기술 자체의 성장에 투자하는 효과를 추구하는 ETF다. 이는 비트코인이나 이더리움과 같은 개별 자산의 가격 변동성에 직접 노출되지 않고 블록체인 기술이 산업 전반으로 확산되는 과정에서 수혜를 받을 수 있는 기업군에 투자한다는

점에서 구조적 차별성을 가진다. 즉 '코인의 가격'이 아니라 '기술의 채택과 확장'에 투자하는 성격이 강하다.

BKCH ETF는 블록체인 기술의 밸류체인에 있는 여러 기업에 집중 투자한다.


- 암호화폐 채굴 기업: 비트코인 등 암호화폐 채굴을 주요 사업으로 하는 기업
- 암호화폐 거래소 및 플랫폼: 암호화폐 거래 및 보관 서비스를 제공하는 기업.
- 블록체인 관련 하드웨어·기술: 채굴기 제조, 반도체 및 관련 컴퓨팅 기술을 제공하는 기업


이러한 구성은 블록체인 산업을 하나의 단일 자산이 아니라 산업 생태계 전체로 바라보는 관점을 반영한다. 암호화폐 가격이 단기적으로 조정을 받더라도 네트워크 사용량 증가, 거래 인프라 확장, 연산 수요 확대 등 구조적 성장이 지속될 경우 관련 기업들의 실적 개선으로 이어질 수 있다는 점에서 장기적 투자 논리를 제공한다.

◆ 투자 비중 Top 10 기업

| 회사명 | 티커 | 비중 |
| --- | --- | --- |
| Riot Platforms Inc. | RIOT US | 9.51% |
| IREN Ltd. | IREN US | 8.92% |
| Applied Digital Corp. | APLD US | 8.71% |
| Cipher Mining Inc. | CIFR US | 7.40% |
| Cleanspark Inc. | CLSK US | 7.43% |
| Coinbase Global Inc. | COIN US | 6.89% |
| Terawulf Inc. | WULF US | 6.85% |
| MARA Holdings | MARA US | 6.96% |
| Bitfarms Ltd. | BITF CN | 6.70% |
| Hut 8 Corp. | HUT CN | 6.13% |

◆ 섹터별 투자 비중

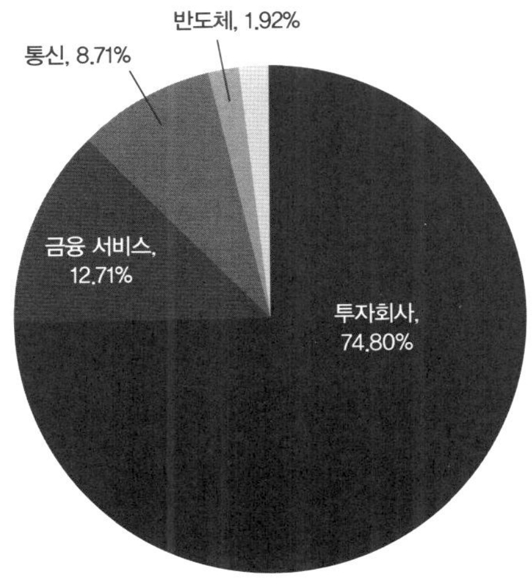

- 디지털 혁명에서 양자 혁명으로
- 양자 컴퓨터란 과연 무엇인가?
- 양자 컴퓨터의 핵심 기술은 바로 이것이다
- 양자 컴퓨터가 앞으로 바꿀 미래
- 양자 컴퓨터의 밸류체인에 대해 알아보자
- 기술 진보의 속도가 중요한 양자 컴퓨터 테마

# 4

## 주식시장을
## 강력하게 이끌
## 주도주,

# 양자 컴퓨터

# 디지털 혁명에서
# 양자 혁명으로

0과 1을 사용해 데이터를 저장하고 연산하는 기존의 고전 컴퓨터는 물리적 한계와 에너지 효율 문제에 직면해 성능 개선의 속도가 낮아지고 있다. 양자 컴퓨터는 이러한 한계를 완전히 뛰어넘는 새로운 패러다임으로 주목받고 있다.

## 고전 컴퓨터와는 완전히 다른 개념의 양자 컴퓨터

지금의 컴퓨터는 0과 1을 표현할 수 있는 작은 스위치(트랜지스터)를 엄청나게 많이 써서 계산한다. 애초에 '디지털'이라는 표현도 데이터를 2진법으로 나타내는 것을 정의하는 단어다. 지난 수십 년 동안 컴퓨터의 발전은 트랜지스터의 크기를 줄이고 집적도를 높여 더 많은 트랜지스터를 배치함으로써 연산 속도를 향상시키는 과정으로 진행되어왔다. "반도체의 성능이 2년마다 2배로 증가한다"는 무어의 법칙이 집적회로의 연산 능력 향상 속도를 잘 보여주었다.

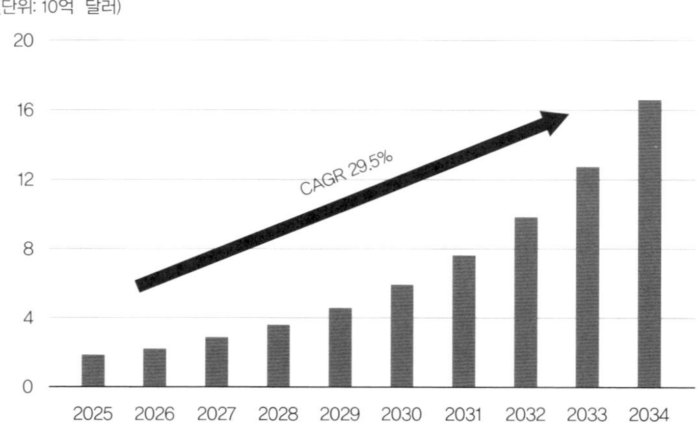



출처: Precedence Research

그러나 이러한 패러다임은 원자·전자 단위의 물리적 한계 및 에너지 효율 문제에 직면했고, 기존 방식은 성능의 향상 속도가 둔화되고 있다. 이 공백을 메울 차세대 패러다임으로 양자 컴퓨터가 주목받기 시작했다.

고전 컴퓨터의 연산 한계를 뛰어넘는 완전히 새로운 개념의 양자 컴퓨터가 가져올 변화와 혁신 기술의 잠재력에 대해서는 의심의 여지가 없으며, 리서치 전문 기관인 프리시던스 리서치[Precedence Research]에 따르면 글로벌 양자 컴퓨터 시장 규모는 연평균 29.5% 성장해 2034년에는 162억 달러에 이를 것으로 전망했다.

양자 컴퓨터는 전자나 원자처럼 아주 작은 세계에서만 일어나는 '이상한 현상(양자 현상-중첩, 얽힘, 간섭)'을 연산에 이용한다. 그 덕분에 특정 종류의 문제에서 지금까지의 고전 컴퓨터가 사실상 풀 수 없거나 엄청나게 많은 자원이 필요했던 문제들을 아주 효율적인 새로운 방식으로 풀어낼 수 있는 '새로운 컴퓨팅 도구'가 될 가능성이 크다.

중요한 포인트는 '모든 문제에서 무조건 빠르다'가 아니라 경우의 수가 많은 문제에서 매우 유리하다는 점이다. 즉 양자 컴퓨터는 '만능 슈퍼 컴퓨터'가 아니라 '특정 분야의 계산을 바꿀 수 있는 특수 공구'라고 표현할 수 있다. 가까운 시기에는 하이브리드 방식으로, 중장기적으로는 오류 보정이 갖춰진 대형 장비로 날이 갈수록 현실적인 문제들을 해결하는 능력이 향상될 가능성이 크다.

신약 개발, 암호화, 금융 서비스, 재료 공학, 물류 최적화 등 초고속 연산이 필요한 다양한 산업 분야에서 양자 컴퓨터의 활용이 주목받고 있으며, 주요국들은 이러한 기술 주도권을 확보하기 위해 국가적인 지원과 대규모 투자를 가속화하고 있다.

이번 장에서는 양자 컴퓨터의 개념, 발전 방향, 한계점 등을 알아보고, 앞으로 어떤 분야에서 혁신적인 발전을 기대할 수 있을지, 어느 기업들이 주도권을 쥐고 있는지 등에 대해 살펴보고자 한다.

# 양자 컴퓨터란 과연 무엇인가?

여기에서는 양자 물리학의 독특한 3가지 주요 개념을 통해 양자 컴퓨터의 특징을 서술하고, 양자 컴퓨터의 연산 방식은 기존의 고전 컴퓨터의 연산 방식과 어떻게 달라지는지를 설명한다.

## 양자 물리학에서 출발하는 양자 컴퓨터

양자 컴퓨터는 이름에서 알 수 있듯이 양자 물리학의 개념에서 출발한다. 양자 물리학에서는 "모든 물질은 입자이면서 동시에 파동이다"라고 정의한다. 입자는 일반적으로 우리가 생각하는 모든 물질의 상태지만, 파동은 특이한 여러 성질을 지닌다. 파동은 2~3개의 파동이 동시에 중첩될 수 있고, 진폭이 동일한 파동이 중첩되면 증폭되거나 상쇄되기도 한다. 이러한 중첩, 간섭 등의 개념을 연산에 활용하는 기술이 양자 컴퓨터다.

## 양자 컴퓨터의 3가지 특징적 개념

고전 컴퓨터는 0과 1 중 하나의 값을 갖는 비트[bit] 단위로 정보를 분해하고 이를 바탕으로 계산을 수행한다. 반면 양자 컴퓨터의 기본 정보 단위인 큐비트는 0과 1을 동시에 값으로 가질 수 있는 중첩[Superposition] 상태로 존재한다. 즉 고전 컴퓨터의 비트가 0과 1의 두 점 중의 하나로 존재한다면, 큐비트는 구면상의 모든 점에 위치할 수 있다.

이 중첩[Superposition]의 특성을 통해 양자 컴퓨터는 고전 컴퓨터와 다르게 한 번에 다량의 정보를 연산하는 초고성능 병렬 연산이 가능하게 된다. 즉 n개의 큐비트가 존재하는 경우 중첩을 통해 $2^n$ 개의 양자 상태를 동시에 갖게 되고, 한 번의 연산으로 $2^n$ 번의 연산을 풀어낼 수 있게 된다.

**고전 컴퓨터의 비트 vs 양자 컴퓨터의 큐비트**

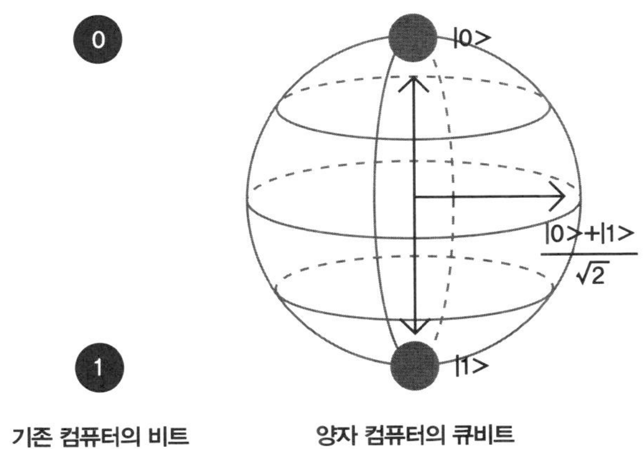

얽힘Entanglement은 두 입자가 거리와 상관없이 계속 연결되어 한 입자에 행해지는 작용이 다른 입자에도 즉각적으로 영향을 미치는 물리적 현상을 의미한다. 즉 2개 이상의 큐비트가 강하게 연결되어 있어서 멀리 떨어져 있어도 하나의 큐비트 상태가 변하면 다른 큐비트 상태도 즉시 그에 맞춰 결정되는 현상이다. 이 강력한 상호작용을 기반으로 양자 컴퓨터는 매우 빠르고 복잡한 연산을 수행할 수 있다.

간섭Interference이란 여러 연산 결과 중에서 원하는 답을 선택하기 위해 불필요한 결과를 억제하고 올바른 답의 가능성을 증폭하는 과정을 의미한다. 양자 컴퓨터에서의 계산은 큐비트들의 상태들 사이의 간섭을 설계해 원하는 결과가 증폭되도록 유도하는 과정으로 표현된다.

## 고전 컴퓨터와의 연산 방식 비교

고전 컴퓨터는 이진법 구조의 비트를 정보 처리와 연산의 기초 단위를 활용해 정보를 순차적으로 처리한다. 연산 능력을 높이기 위해서는 고집적 반도체를 사용하거나 여러 개의 연산 장치를 병렬로 연결하는 방법을 사용했지만, 연산 시간이 급격하게 증가하는 문제점이 있었다. 특히 반도체에 회로를 세밀하게 그리는 미세화 공정이 이미 물리적으로 한계 수준에 가깝게 발전했기 때문에 추가적인 성능 향상에도 어려움을 겪고 있다.

탄면 양자 컴퓨터는 큐비트의 중첩과 얽힘 특성을 이용해 동시에 다량의 정보를 처리하며 대용량의 병렬 연산이 가능하다. 예를 들어 3비트의 고전 컴퓨터가 8회의 반복 계산을 통해 정보를 처리하는 반면, 3큐비트의 양자 컴퓨터는 동시 계산을 통해 단 1회 만에 8가지 경우의 정보를 처리할 수 있다. 300자리 정수로 이루어진 1,000비트 숫자를 소인수 분해할 때 기존 컴퓨터는 약 100만 년이 소요되지만, 양자 컴퓨터는 성능에 따라 1초에서 1일 이내에 계산이 가능하다.

컴퓨터가 처리하는 모든 연산 과제가 병렬 연산을 통한 속도 향상이 가능하지는 않기 때문에 양자 컴퓨터가 만능이라고 말할 수는 없다. 하지만 여러 가지 경우의 수를 가정하고 그 안에서 최적의 답을 찾는 많은 분야에서 처리해야 할 데이터의 크기가 커질수록 절대적인 연산량 감소가 가능한 양자 컴퓨터의 가치는 커질 수밖에 없다.

# 양자 컴퓨터의 핵심 기술은 바로 이것이다

여기에서는 중앙처리장치(CPU), 운영체제(OS), 소프트웨어 등으로 구성되어 있던 기존의 고전 컴퓨터의 구성 요소가 양자 컴퓨터에서는 어떻게 달라지는지에 대해 간략하게 설명한다.

## 큐비트 Qubit

양자 컴퓨터의 연산은 양자 알고리즘으로 큐비트를 변환해 정보를 처리하기 때문에 높은 신뢰도를 가진 큐비트를 구현하는 것이 핵심 과제다. 큐비트는 미세한 입자 상태를 통해 구현되므로 큐비트 수가 늘어날수록 외부 영향에 의한 오류 발생 가능성이 커진다는 한계가 있다. 따라서 하드웨어 분야에서는 큐비트의 안정성 확보와 오류율 개선을 위한 연구 개발이 집중되고 있다.

### 초전도 큐비트<sup>Superconducting Qubit</sup>

초전도 큐비트는 극저온에서 전기 저항이 0이 되는 초전도체 물질의 양자적 특성을 활용한다. 얇은 알루미늄이나 나이오븀과 같은 초전도체 박막을 특정 회로 형태로 만들어, 마이크로파 펄스를 가해 큐비트의 양자 상태(0과 1)를 조작한다. 마치 인공 원자처럼 행동하도록 설계된 이 회로는 연산 속도가 매우 빠르다.

기존의 반도체 기술을 활용하기 때문에 기술적인 개발 난이도가 다소 낮다는 장점이 있지만, 상온 초전도체가 구현되지 않아 극저온의 환경이 필요하다는 것이 큰 제약으로 작용하고 있다. 구글의 '시커모어'나 IBM의 '이글' 프로세서, 그리고 리게티 컴퓨팅의 퀀텀 컴퓨터가 이 방식을 사용하고 있다.


### 이온 트랩<sup>Ion Trap</sup>

이온 트랩 방식은 진공 상태에서 레이저를 이용해 원자에서 전자를 떼어낸 이온을 큐비트로 사용한다. 전자기장으로 이온들을 공중에 띄워 안정적으로 가두어놓고, 고정밀 레이저 펄스로 이온들의 양자 상태를 조작해 얽힘 상태를 만든다. 각 이온이 하나의 큐비트 역할을 하므로 큐비트 간의 간섭을 최소화하면서도 높은 정확도를 달성할 수 있다는 장점이 있다.

다만 시스템이 복잡하고 한번 구축한 시스템을 확장하는 것이 어렵다는 단점이 지적되고 있다. 한국인에게 가장 친숙한 양자 컴퓨터 회사인 아이온큐<sup>IonQ</sup>와 퀀티넘<sup>Quantinuum</sup>이 이 기술을 선도하고 있다.

### 광자 방식<sup>Photonic Qubit</sup>

광자 방식은 빛의 입자인 광자를 큐비트로 사용한다. 광자의 편광, 위상, 경로와 같은 물리적 속성을 양자 정보로 인코딩하며, 빔 스플리터나 위상 지연기 같은 광학 소자를 통해 양자 연산을 수행한다. 빛의 속도로 정보가 전달되므로 연산 속도가 매우 빠르고, 외부 환경의 영향을 거의 받지 않아 안정적이다. 또한 상온에서 작동할 수 있어 극저온 냉각 시스템이 필요 없다는 큰 장점이 있다.

그렇지만 빛의 퍼지는 속성 때문에 광 손실이 크게 일어나며, 광자 간의 상호작용을 유도하기 어렵다는 단점이 존재한다. 메사추세츠공과대학교<sup>MIT</sup>와 사이퀀텀<sup>PsiQuantum</sup> 등이 활발하게 연구 개발을 하고 있으나 아직까지 상용화 단계의 제품은 출시되지 않고 있다.

### 스핀 방식<sup>Spin Qubit</sup>

스핀 방식은 반도체 물질에 존재하는 전자 스핀의 양자 상태(위 또는 아래)를 큐비트로 활용한다. 보통 실리콘이나 갈륨 비소 같은 반도체 칩 안에 매우 작은 양자점을 만들고, 이 안에 전자를 가두어 그 스핀 상태를 제어한다. 이 방식은 기존 반도체 제조 공정과 유사해 대량 생산에 유리하며 확장성도 높을 것으로 기대된다. 하지만 짧은 정보 유지 시간, 제어 균일성 확보의 어려움 등으로 대규모 회로로의 확장이 어려울 것이라는 한계가 있다. 현재까지 이 분야에서는 인텔이 가장 활발한 연구를 진행하고 있다.

## 논리적 큐비트와 양자 오류 보정

현재 양자 컴퓨터에서 사용되는 물리적 큐비트는 외부 환경의 작은 잡음에도 매우 민감해 양자 상태가 쉽게 깨지는 양자 오류가 자주 발생한다. 이 오류는 양자 계산의 정확도를 크게 떨어뜨리는 요인으로 작용한다. 양자 컴퓨터의 가장 큰 문제점인 양자 오류를 감지하고 수정해 양자 계산의 정확도를 높이는 데 필수적인 기술이 양자 오류 보정(QEC: Quantum Error Correction)이다.

고전 컴퓨터에서는 오류를 쉽게 보정할 수 있었다. 하지만 양자 컴퓨터에서는 이 간단한 방법이 통하지 않는다. 복제 불가능성 정리No-Cloning Theorem로 알 수 없는 양자 상태를 완벽하게 복제하는 것이 불가능하기 때문이다. 따라서 고전적인 다수결 투표 방식으로는 양자 오류를 보정할 수 없다.

QEC는 이 문제를 해결하기 위해 여러 개의 물리적 큐비트를 묶어 하나의 논리적 큐비트Logical Qubit를 구성하는 방법을 사용한다. 논리적 큐비트는 마치 여러 개의 백업 시스템을 가진 하나의 안정적인 시스템과 같다. QEC는 크게 3가지 과정을 통해 오류를 보정한다.

- **인코딩**Encoding: 하나의 양자 정보(논리적 큐비트)를 여러 개의 물리적 큐비트에 분산해 저장한다.
- **측정**Measurement: 각 물리적 큐비트의 상태를 직접 측정하지 않고 보조 큐비트Ancilla Qubits를 사용해 오류가 발생했는지만 간접

적으로 감지한다. 이 과정은 양자 상태를 파괴하지 않고 오류의 종류와 위치에 대한 정보를 얻는 것이 핵심이다.

- **수정**Correction: 보조 큐비트에서 얻은 정보(오류 신드롬)를 바탕으로 해당 오류를 수정하는 연산을 물리적 큐비트에 적용한다.

이러한 과정을 통해 물리적 큐비트에 오류가 발생하더라도 전체 시스템인 논리적 큐비트의 양자 상태는 보호된다.

현재의 양자 컴퓨터는 'NISQ'Noisy Intermediate-Scale Quantum'단계에 머물러 있어 큐비트의 수가 적고 오류율이 높다는 단점이 존재한다. 이러한 수준의 장치로는 복잡한 QEC 알고리즘을 효율적으로 구현하기 어렵다. 하지만 QEC 기술이 발전하면 양자 컴퓨터는 오류 허용Fault-Tolerant 단계로 진입할 수 있다. 이는 아무리 복잡한 계산이라도 오류를 효과적으로 보정하며 신뢰성 높은 결과를 얻을 수 있음을 의미한다. QEC의 발전은 양자 컴퓨터가 실용적인 문제를 해결하고, 양자 인터넷과 같은 미래 기술의 기반을 마련하는 데 결정적인 역할을 할 것으로 기대된다.

## 트랜스파일링

양자 컴퓨터에서 각각의 큐비트는 자유롭게 연결되어 있지 않다. 어떤 큐비트는 바로 옆에 있는 큐비트와 상호작용할 수 있지만 멀리 떨어진 큐비트와는 직접 연결되지 않는 식이다. 이러한 하드웨어 연결성의 제약 문제로 인해 만들어진 양자 회로를 그대로 실행할 수 없을 때가 많다.

트랜스파일링은 이런 하드웨어의 제약을 고려해 복잡하게 얽힌 회로를 재배치하고 불필요한 단계를 줄여주는 작업을 의미한다. 예를 들어 멀리 있는 큐비트끼리 상호작용할 때 그 사이에 다른 큐비트들을 이용해 정보가 전달되도록 회로를 바꿔주는 식이다. 이 과정을 거치면 계산 과정이 단순해지고 오류가 줄어들어 전체적인 양자 컴퓨터의 성능이 향상된다.

## 양자 알고리즘

양자 컴퓨팅에서는 모두 '간섭을 설계해 정답 후보의 확률을 키우는' 방식이 사용된다. 그리고 어떠한 간섭을 설계하느냐에 따라 각기 다른 문제 유형에서 강점을 가지게 된다. 이러한 간섭의 알고리즘을 양자 알고리즘이라고 한다.

쇼어Shor 알고리즘, 그로버Grover 알고리즘, 그리고 변분 양자VQE 알고리즘은 양자 컴퓨터가 고전 컴퓨터보다 훨씬 뛰어난 성능을 발휘할 수 있게 하는 대표적인 양자 알고리즘이다.

# 양자 컴퓨터가
# 앞으로 바꿀 미래

여기서는 앞으로 양자 컴퓨터의 도입과 확산이 어떤 산업들에서 가장 빠르게 도입되고, 장기적으로 중요한 경쟁력으로 인식되어 갈지에 대해 간략하게 설명한다.

## 초병렬 연산의 장점

양자 컴퓨팅의 발전은 우리가 고전 컴퓨터를 가지고 현재 접근할 수 없거나 너무 오랜 시간이 걸리는 복잡한 계산을 가능하게 한다. 특히 중첩 특성으로 인해 가능해진 초병렬 연산은 다양한 산업에서 시뮬레이션 기반의 연구 개발R&D과 다양한 최적화Optimization 문제를 빠르게 해결하는 데 큰 기여를 할 것으로 기대된다.

세계적 경영 컨설팅 회사인 맥킨지가 발표한 〈분야별 양자 컴퓨팅 기술 활용 사례(2019년)〉를 보면 금융, 에너지, 제약·헬스케어 등

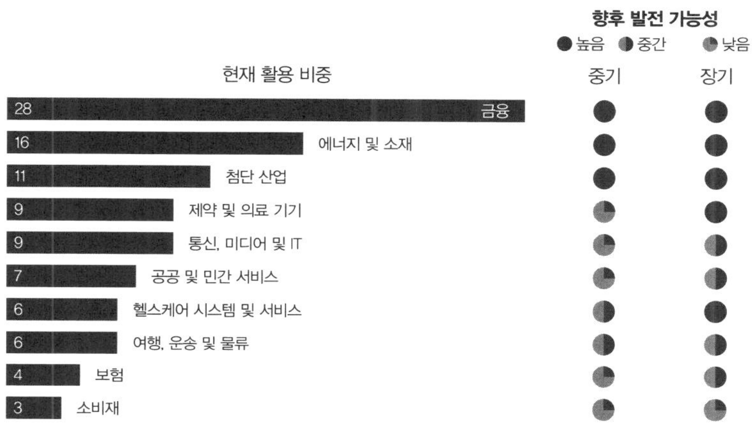

출처: McKinsey

이 가장 많은 활용 사례와 장기적 중요성을 인식하고 있는 것으로 나타나는데, 해당 분야의 연구들이 주로 다양한 가능성이 있는 정답 후보들 가운데 시뮬레이션을 통해 최적의 정답을 찾아내는 방식으로 진행된다는 공통점이 있다.


## 금융서비스 : 투자 전략 및 리스크 관리 고도화

금융 시장은 끊임없이 변화하는 수많은 변수(금리, 환율, 주가, 파생상품 등)가 복잡하게 얽혀 있는 시스템이다. 금융 기관들은 리스크 관리, 포트폴리오 최적화, 사기 탐지 등에서 막대한 양의 계산을 필요로 한다. 이를 위해 각각의 변수들이 가질 수 있는 값과 그 확률을 분포로 가정해 수백만·수천만의 엄청나게 많은 경우의 수를 만들어 결과를 예상하는 몬테 카를로 시뮬레이션Monte Carlo Simulation 기법이 자주 활용된다.

양자 컴퓨터는 복잡한 최적화 문제와 확률적 시뮬레이션에서 수많은 경우의 수를 동시에 연산하는 방식으로 고전 컴퓨터를 능가하는 능력을 보여줄 수 있다. 양자 컴퓨터의 이런 장점 때문에 최적화 문제의 해결 속도를 개선하고, 다양한 시장환경하에서 금융 상품의 가치 변화나 리스크를 더 정확하고 빠르게 예측하도록 도와줄 것으로 기대된다.


## 제약업 : 신약 개발의 가속화

제약사가 신약을 개발하는 단계는 '발견 → 전임상 → 임상실험 → 허가'로 이루어진다. 특히 수많은 화합물 중에서 표적에 결합해 원하는 효과를 보일 수 있을 것으로 예상되는 초기 후보 물질을 발굴하는 과정은 무수히 많은 시행 착오의 반복이고, 많은 시간과 비용이 투입된다.

이 과정의 핵심은 분자 구조와 원자 간 상호작용을 정확하게 시뮬레이션하는 것인데, 고전 컴퓨터의 계산 능력으로는 매우 어려운 문제다. 양자 컴퓨터는 분자의 복잡한 양자 상태를 정확하게 모델링

함으로써 수많은 후보 물질 중에서 원하는 효과를 낼 분자를 빠르고 정확하게 찾아내어 신약 개발에 필요한 시간(평균 10년 이상)과 비용을 획기적으로 단축할 수 있다.


## IT 산업 : 특히 사이버 보안 산업의 변화

양자 컴퓨터의 발전은 기존의 컴퓨팅 성능 향상뿐만 아니라 정보 보안의 근간을 뒤흔들 수 있는 위협을 내포하고 있다. 양자 컴퓨터는 소인수 분해를 빠르게 처리할 수 있는 양자 알고리즘인 쇼어 알고리즘을 사용해 현재 인터넷 통신 및 금융 거래를 보호하는 공개키 암호를 순식간에 해독할 수 있는 잠재력이 있다.

이러한 위협 때문에 IT 보안 산업은 양자 컴퓨터로도 해독이 불가능한 양자 내성 암호(PQC: Post-Quantum Cryptography)를 개발하고 기존 시스템에 적용하는 작업에 막대한 투자를 하고 있는 상황이다. 이는 수십 년 만에 이루어지는 최대 규모의 암호 시스템 전환 작업이 될 것이다.

# 양자 컴퓨터의
# 밸류체인에 대해 알아보자

양자 컴퓨터 산업은 이제 막 연구실에서 벗어나 양산과 실무 투입이 시작되고 있는 극초기의 산업이다. 현재까지는 일부 기업들이 수직통합의 형태로 사업을 전개하고 있지만, 앞으로 세분화된 밸류체인으로 발전해갈 것이다.

## 양자 컴퓨터 산업의 밸류체인

양자 컴퓨터 산업은 아직 초기 단계이지만, 고전 컴퓨터 산업과 유사한 형태의 밸류체인을 형성하고 있다. 이 밸류체인은 크게 1) 양자 컴퓨터의 물리적 기반을 구축하는 가장 핵심적인 하드웨어 개발, 2) 연산을 위한 프로그램과 오류를 줄이는 기술을 개발하는 소프트웨어 및 알고리즘 개발, 3) 양자 컴퓨터의 계산 능력을 활용해 문제를 해결하고 최종 사용자에게 서비스를 제공하는 분야로 크게 나눌 수 있다.

**양자 컴퓨팅 밸류체인의 대표 기업들**

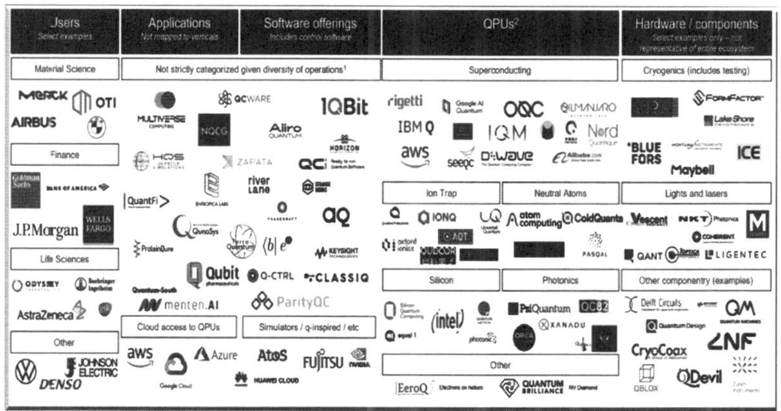

출처: Quantum Insider

혁재 양자 컴퓨터 산업은 주요 기업들이 수직 통합 형태로 사업을 전개·준비하는 경향을 보이는 경우가 많다. 예를 들어 IBM이나 구글과 같은 거대 기술 기업은 큐비트 제작(하드웨어)부터 운영체제, 알고리즘, 클라우드 서비스(소프트웨어·서비스)까지 전 과정을 직접 개발하고 제공하고 있다. 이는 기술이 초기 단계이고, 하드웨어와 소프트웨어 간의 긴밀한 통합이 필요하기 때문으로 판단된다.

하지만 기술이 성숙해질수록 하드웨어(IonQ, Quantinuum 등)와 소프트웨어(Zapata AI, Classiq 등)를 전문적으로 분화해 제공하는 수평적 전문 기업들의 중요성과 가치가 더욱 부각될 것으로 예상한다.

# 기술 진보의 속도가 중요한 양자 컴퓨터 테마

양자 컴퓨터 산업 개화는 보수적으로 20~30년 이상을 예상하는 것이 다수론이다. 지금의 양자 컴퓨터 관련 기업들의 주가는 산업화 이전에 미래의 성장성과 혁신성에 대한 기대만으로 형성된 것이라는 것을 염두에 두자.

## 높은 기대수익률만큼 높은 변동성이 따를 것

양자 컴퓨터 산업은 향후 고전 컴퓨터 산업의 일정 부분 혹은 대부분을 대체하는 거대한 산업으로 발전해나아갈 것으로 기대된다. 대부분의 미래 혁신 성장 산업이 그러하듯 주식 시장의 시가총액에는 이미 상당한 기대감이 반영된 상태다.

앞으로 양자 컴퓨터 시장을 주도할 업계 표준(큐비트 제작방식, 운영체제, 소프트웨어와 개발자 생태계 등)이 아무것도 결정되지 않은 상태이기 때문에 산업이 발전해가면서 오랜 기간 옥석 가리기가 진행될 가능성도 염두에 두어야 한다. 이는 투자자에게 많은 기회와 동시에 큰 위기를 제공할 것이다.

현재 다양한 방식으로 큐비트 제작에 사활을 걸고 있는 기업들은 표준에서 멀어지는 경우에 대부분의 시가총액이 소멸될 가능성도 존재하고, 반대로 시가총액이 크게 증가하며 손쉽게 텐베거$^{ten\ bagger}$가 될 가능성도 존재한다. 산업이 어느 정도 궤도에 오르기 전까지는 해당 테마 기업들의 주가는 지속적으로 높은 변동성을 보일 것이고, 큰 폭의 상승과 아찔한 폭락을 반복할 가능성도 배제할 수 없다.

## 기술력과 산업화 속도로 투자 의사 결정을 해야

투자자의 입장에서는 단순히 기업들의 시가총액과 단기의 재무적 성과보다 기술의 표준과 기술적인 발전 속도 등을 항상 염두에 두길 강력히 권유한다. 어떤 기술이 업계의 표준으로 자리 잡는지, 그리고 그 기술을 선도하는 업체는 어디인지를 염두에 둬야 성공적인 투자 성과를 얻을 수 있을 것이다.

그리고 주요 업체들의 기술 발전 속도(몇 큐비트의 시스템이 상용화되는지, 그리고 주요 업체들의 개발 로드맵이 예정보다 빠르게 진행되는지 등)와 현재의 주가 밸류에이션은 그러한 속도를 낙관적으로 과대평가하고 있는지, 혹은 비관적으로 과소평가하고 있는지를 계속 평가하며 투자 여부를 신중하게 결정하는 자세가 필요한 시점이다.

 IonQ, Inc(IONQ-US)

* Relative: S&P 500 Index
* 시가총액(백만 달러): 21,234

#### ◆ 기업 개요

- 2015년 듀크대학교 교수인 김정상 교수와 메릴랜드대학교 크리스 먼로Christopher Ray Monroe 교수에 의해 창립

- 2021년 10월 SPAC과의 합병으로 뉴욕증권거래소NYSE에 상장

- 개별 원자를 큐비트로 사용하고, 레이저를 사용해 양자 상태를 조작하는 이온 트랩 방식의 큐비트 제작 선도 기업

- 자체 개발한 양자 컴퓨터를 데이터센터나 연구기관에 판매하는 하드웨어 판매 사업부와 금융, 제약, 소재 등 다양한 산업 분야를 위한 맞춤형 양자 알고리즘 및 솔루션을 제공하는 솔루션 사업부로 구성

- 현재 아마존 Bracket, 구글 클라우드, 마이크로소프트 애저 퀀텀Azure Quantum 등의 플랫폼을 통해 QaaSQuantum-as-a-Service 서비스를 제공중

- 2030년까지 오류 보정 능력을 갖춘 8만 개의 논리 큐비트를 갖춘 양자 컴퓨터 개발을 장기 목표로 제시

#### ◆ 투자 포인트

- 현재 순수 양자 컴퓨터 관련 기업 중 대내외적으로 기술력을 가장 인정받고 있는 선도 기업
- 아직은 매출액과 이익률이 규모의 경제를 달성하지 못한 산업 초기이지만, 현재 가장 활발한 파트너십을 통해 양자 컴퓨터 시장이 빠르게 성장하는 데 가장 큰 기여를 하고 있는 선도 기업으로 평가

#### ◆ 리스크

- 아직은 기술 개발의 초기 단계이기 때문에 시가총액 대비 매출액이 낮고, 재무 상태가 열악하다보니 언제든 유상증자를 실시할 가능성이 존재
- 양자 컴퓨터의 핵심인 큐비트 제작 기술이 아직 표준화되어 있지 않기 때문에 다른 기술을 중심으로 양자 생태계가 펼쳐지는 경우에 기술력 기반의 동사 시가총액이 크게 훼손될 수 있는 위험이 존재

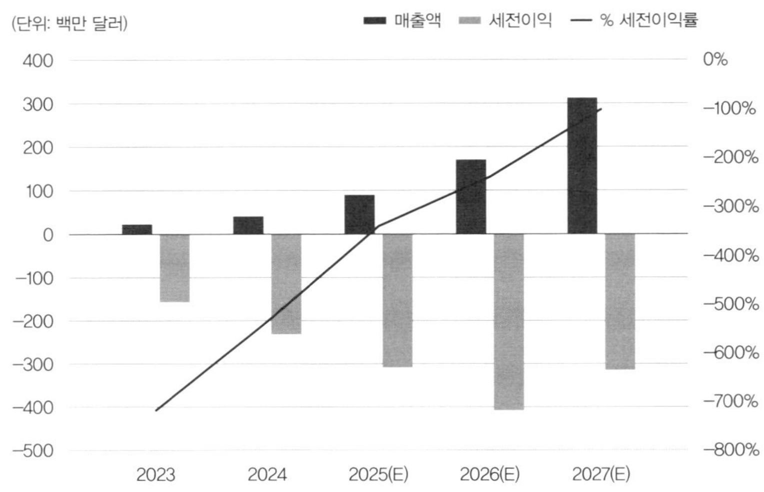

(단위: 백만 달러)
매출액
세전이익
% 세전이익률
400
300
200
100
0
-100
-200
-300
-400
-500
0%
-100%
-200%
-300%
-400%
-500%
-600%
-700%
-800%
2023
2024
2025(E)
2026(E)
2027(E)


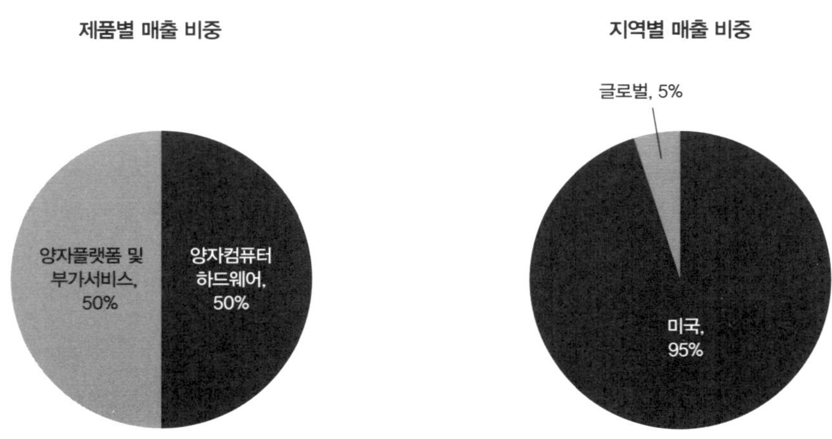

제품별 매출 비중
양자플랫폼 및
부가서비스,
50%
양자컴퓨터
하드웨어,
50%
지역별 매출 비중
글로벌, 5%
미국,
95%

# Rigetti Computing, Inc
### (RGTI-US)

* Relative: S&P 500 Index
* 시가총액(백만 달러): 10,329

◆ **기업 개요**

- 2013년 물리학자 채드 리게티<sup>Chad Rigetti</sup>가 설립

- 2022년 3월 SPAC과의 합병을 통해 나스닥에 상장

- IBM, 구글 등의 빅테크 기업들이 사용하는 초전도 큐비트 방식을 핵심 기술로 채택해 큐비트를 제작

- 자체 양자 칩 제조시설인 Fab-1을 보유해, 하드웨어 개발부터 생산까지 전 공정을 직접 통제

- 리게티의 양자칩은 모듈식 아키텍처로 개발되고 있으며, 대규모 큐비트 시스템으로의 확장에 유리하다는 평가

- 하드웨어부터 소프트웨어, 클라우드 서비스까지 모든 밸류체인을 자체 개발·서비스하는 풀스택<sup>Full-Stack</sup> 전략을 구사

- 공동 연구개발 프로젝트 및 전문 서비스 제공이 주요 매출을 차지하고 있으며, 양자 컴퓨팅 클라우드 서비스를 제공

◆ **투자 포인트**

- 현재 글로벌 빅테크 기업들이 선호·채택하고 있는 방식인 초
  전도 큐비트 기술을 사용해 범용성 면에서 더 우월할 것이라는
  기대감이 존재
- 미국 국방고등연구계획국[DAPRA] 및 미국 공군 연구소[AFRL] 등 기
  관과의 협력·계약을 통해 기술력을 검증


◆ **리스크**

- 산업 초기 단계로 여전히 매출액이 미미하고, 재무 구조가 취약
  해 유상증자의 리스크가 존재

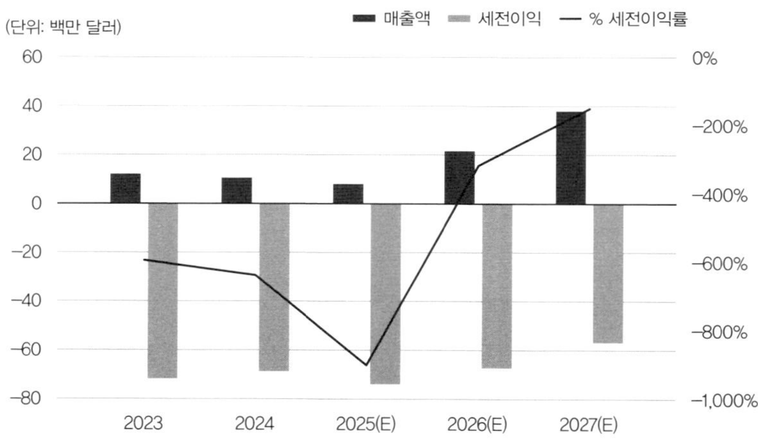

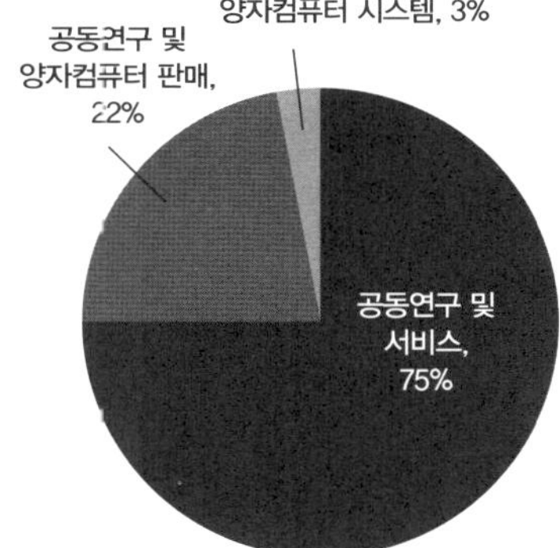
제품별 매출 비중
양자컴퓨터 시스템, 3%
공동연구 및
양자컴퓨터 판매,
22%
공동연구 및
서비스,
75%

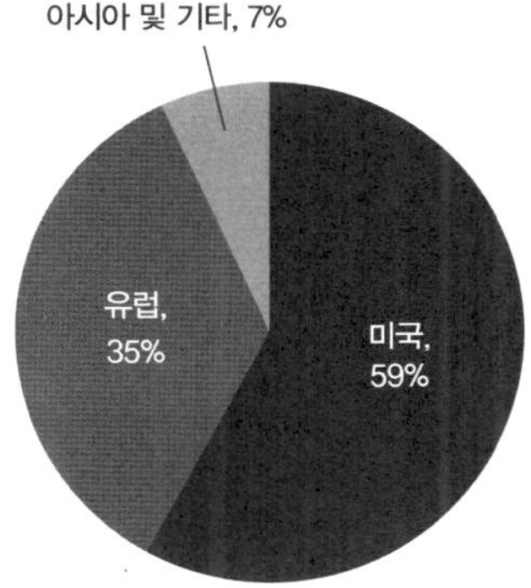
지역별 매출 비중
아시아 및 기타, 7%
유럽,
35%
미국,
59%

# D-Wave Quantum, Inc
(QBTS-US)

* Relative: S&P 500 Index
* 시가총액(백만 달러): 9,193

## ◆ 기업 개요

- 1999년 캐나다의 브리티시콜럼비아대학교[UBC] 교수진에 의해 설립된 양자 컴퓨터 업계에서 가장 오래된 회사 중 하나

- 2022년 8월에 SPAC과의 합병을 통해 뉴욕증권거래소에 상장

- 아이온큐, 리게티와는 기술 방식과 상용화 목표에서 크게 다른 접근을 하고 있는 기업

- 범용적인 연산을 목표로 하는 게이트 모델 컴퓨터가 아닌, 양자 어닐링 방식의 양자 컴퓨터를 개발하는 기업

- 양자 어닐링 방식은 최적화 문제와 샘플링 문제에 특화된 방식의 연산 구조임

- 게이트 모델보다 비교적 저렴하고, 빠르게 대규모 큐비트 시스템의 구현이 가능해 상업적으로 활용도가 높음

- 4,400개 이상의 큐비트를 가진 Advantage2라는 고성능 시스

템을 제공해 폭스바겐, 록히드마틴 등을 고객사로 확보

- 양자 컴퓨터를 가장 먼저 상업적으로 공급하고 실제 비즈니스에서 사용 사례를 확보했다는 점이 강점

◆ **투자 포인트**

- 범용 양자 컴퓨팅에 집중하는 경쟁사와 달리, 실용적인 최적화 문제 해결이라는 명확한 타겟 시장을 공략해 차별화
- 연구 단계가 아닌 상용화 사례를 구축함으로써 상업적 성과를 내며 실용적인 가치 제공에 집중하는 기업

◆ **리스크**

- 방향성이 명확함에도 불구하고 여전히 매출액과 재무구조 등에서 경쟁사와 차별점이 드러나지 않고 있음
- 타깃 시장에 특화된 시스템이라는 점이 빠른 시장침투에 용이하지만, 범용 시스템의 개발 속도가 예상보다 빠르게 진행된다면 동사의 생존과 번영에는 불리하게 작용될 여지가 있음
- 빠른 시장침투와 상업화를 추구하지만, 여전히 매출 규모가 크지 않고 적자 상태에 있기 때문에 유상 증자 등으로 인한 가치 희석이 발생할 수 있는 리스크가 존재함

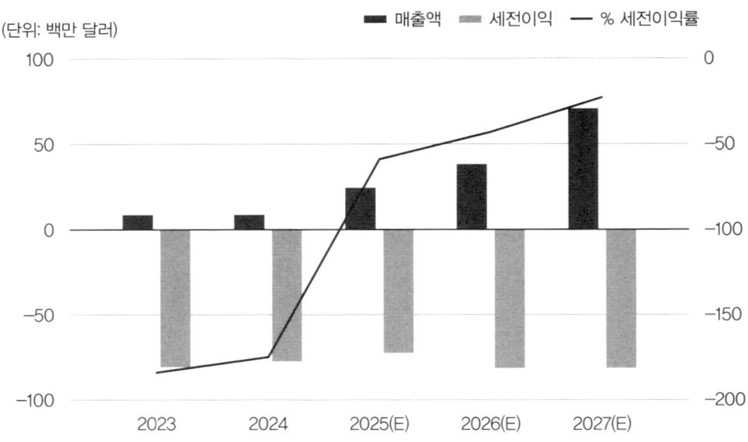


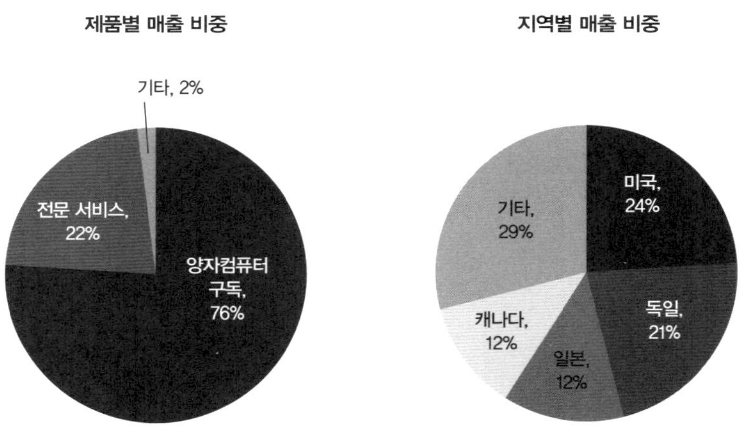

제품별 매출 비중



지역별 매출 비중

# Defiance Quantum ETF
(QTUM US EQUITY)

| ETF 이름 | Defiance Quantum ETF |
|---|---|
| 티커 | QTUM US EQUITY |
| 운용사 | Defiance ETFs LLC |
| 펀드 분류 | Global / Sector / Technology |
| 최초 상장일 | 2018-09-05 |
| 시가총액 | USD 2.52 Billion |
| 총 보수 | 0.400% |
| 리밸런싱 주기 | 연 2회 |

Defiance Quantum ETF는 차세대 컴퓨팅 혁명을 이끌 것으로 기대되는 기술 분야에 집중 투자하는 ETF다. 이 펀드의 핵심 투자 분야는 다음과 같다.

- 양자 컴퓨팅 기업: 양자 컴퓨터 개발 및 상용화 기술을 보유한 기업(예: Rigetti Computing, D-Wave Quantum, IonQ 등)

- 머신러닝·AI 관련 기술 기업: 인공지능(AI), 빅 데이터 처리, 첨
단 하드웨어 및 소프트웨어 서비스를 제공하는 기업

이 ETF는 전통적인 IT·반도체 산업을 넘어 계산 패러다임 자체를 전환할 수 있는 기술에 초점을 맞춘다는 점에서 차별성을 가진다. 특히 양자 컴퓨팅은 기존 슈퍼 컴퓨터로 해결이 어려운 문제를 병렬 연산 방식으로 처리할 수 있어 신약 개발, 금융 모델링, 물류 최적화, 암호 기술 등 다양한 산업에서 활용 가능성이 확대되고 있다. 머신러닝과 AI 분야 역시 단순한 소프트웨어 영역을 넘어 클라우드 인프라, 데이터센터, 고성능 반도체, 알고리즘 플랫폼 등 복합적인 산업 생태계를 형성하고 있다. Defiance Quantum ETF는 이러한 밸류체인 전반에 걸친 기업들을 포괄적으로 편입함으로써, 특정 기술이나 기업에 대한 의존도를 낮추는 구조를 지향하고, 장기적인 성장을 추구한다.

여전히 양자컴퓨터 산업의 규모가 절대적으로 작기 때문에 리게티, 아이온큐, D-wave 등 주요 양자컴퓨터 3사를 제외하면 나머지 편입 종목들은 여전히 전통 컴퓨터와 반도체 분야에서 얻는 매출과 수익이 절대적이다. 그러므로 해당 ETF의 가격 움직임이 양자 컴퓨터 산업의 성장이나 관련 기업들의 가치 상승과 연관성이 떨어질 수 있다는 점에서 투자 시 주의가 필요하다.

◆ **투자 비중 Top 10 기업**

| 회사명 | 티커 | 비중 |
| --- | --- | --- |
| Rigetti Computing Inc. | RGTI US | 4.27% |
| D-Wave Quantum Inc. | QBTS US | 2.42% |
| Advanced Micro Devices | AMD US | 2.01% |
| IonQ Inc. | IONQ US | 1.90% |
| Intel Corp. | INTC US | 1.87% |
| Tower Semiconductor Ltd. | TSEM US | 1.87% |
| Micron Technology Inc. | MU US | 1.82% |
| Oracle Corp. | ORCL US | 1.72% |
| Teradyne Inc. | TER US | 1.66% |
| Lam Research Corp. | LRCX US | 1.63% |

◆ **섹터별 투자비중**

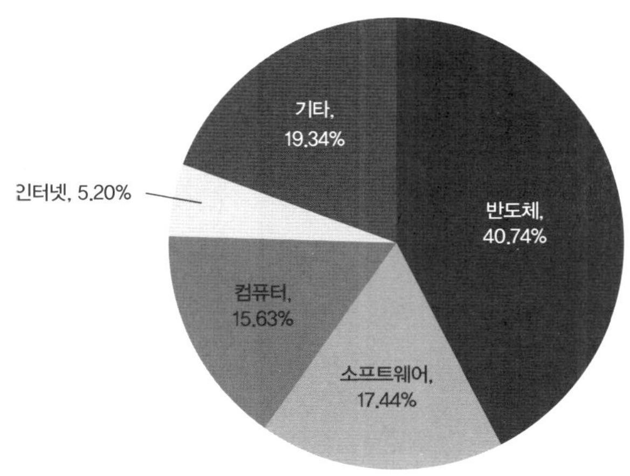

• 각자도생으로 달려가는 신냉전 시대
• 미국의 신고립주의와 유럽 재무장 계획
• 유럽 못지 않은 잠재력을 보이는 중동의 방산시장
• 천조국을 넘어 1,500조국으로 가는 미국

# 5

## 주식시장을 강력하게 이끌 주도주,

# 방위산업

# 각자도생으로 달려가는 신냉전 시대

트럼프 행정부 2기가 들어서면서, 그동안 미국이 지출했던 국방비를 해당 국가들 스스로 부담하게 하기 위해 압력을 행사하고 있다. 지금까지와는 전혀 다른 지정학적 관계가 형성되는 시기의 초입에 우린 놓여있다.

2025년이 끝나가는 지금 전 세계는 신냉전New Cold War 시대를 향해 가열차게 달려가고 있다. 신냉전 시대라는 단어가 최초로 등장한 것은 꽤 오랜 시간이 지났다.

신냉전 시대의 시작점은 관점에 따라 다양하게 정의되지만 일반적으로 2000년대 초중반을 지나면서 중국이 경제 대국으로 등장하고, 러시아가 재부상하기 시작하면서부터다. 이와 함께 미국을 중심으로 한 서방세계와 중국·러시아 중심의 동방 블록화가 본격적으로 시작된 즈음으로 평가하는 것이 일반적이다.

러시아는 2008년, 중국은 2016년에 신냉전에 참여했다는 평가를 받지만, 사실 2022년 이전에는 신냉전의 시작 여부 자체에 대해 의견이 분분했고, 아예 부정하는 사람도 있었다. 그러나 2020년대 코로나바이러스감염증-19의 확산으로 대부분의 국가들이 외교적 문을 걸어잠그게 되면서 데탕트가 활발하던 1970년대 이후 본격적으로 외교적 개방성과 세계화, 자유무역이 차단된 최초의 시기가 되었다.

결정적으로 2022년 러시아의 대대적인 우크라이나 침공으로 인해서 대부분의 사람들이 신냉전의 도래를 인정하게 되었다. 일부 학자들은 아직 러시아의 우크라이나 침공이 신냉전으로까지 확산되지 않을 것이라며 부정하고 있지만, 우크라이나 침공이 신냉전 구도를 가속화시키는 역할을 할 것이라는 평가가 지배적이다. 굳이 구분한다면 이 시기를 '신냉전 시대 1.0'으로 볼 수 있을 것이다.


## 트럼프 행정부 2기와 신냉전 시대의 도래

트럼프 정부 2기의 등장은 지금까지의 신냉전 1.0과는 사뭇 다른 방향의 신냉전 시대 2.0으로 흘러가고 있다. 2025년 1월 트럼프 정부 2기가 시작된 이후 트럼프 행정부의 외교 정책은 바이든 행정부의 다자주의·동맹 중심 접근에서 'America First'를 표방하는 거래적 현실주의로 갑자기 급변했다. 이는 블록화(서방 vs. BRICS 중심 동방)를 심화시키면서도, 우크라이나·가자 등 일부 분쟁에서 긴장 완화

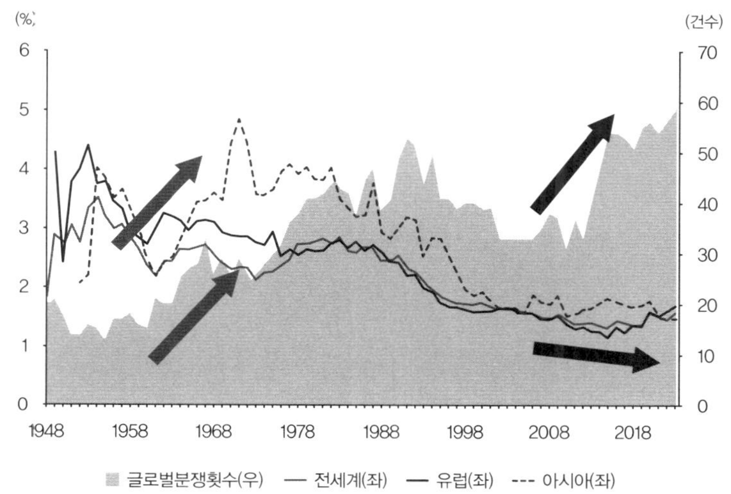



자료: SIPRI, LS증권

를 우발해 '신냉전 2.0'으로 불릴 만큼 복잡한 양상을 띠고 있다.

트럼프는 NATO·G7 동맹국에 방위비 5% GDP 부담을 강요하고 내부 결속을 다지면서, 중국·러시아와의 무역·기술 전쟁을 재점화했다. 그러나 한편으로는 시진핑 초대나 푸틴과의 평화 딜처럼 '거래'를 통한 긴장 완화를 모색하며 글로벌 다극화(인도·브라질 등 스윙 스테이트 부상)를 가속화하는 중이다.

특히 2025년 트럼프 2기 행정부 출범 이후 우크라이나와 러시아 전쟁의 평화 협상 추진, 이란과 이스라엘의 전쟁 등 다양한 국제적인 분쟁 이벤트에서 미국의 모습은 과거와 다르게 동맹과의 협력보다 자국의 이익을 최우선으로 하는 '미국 중심 단독 행동주의'의 형태를 띠고 있다. 이 과정에서 유엔이나 WTO등 국제기구의 역할과

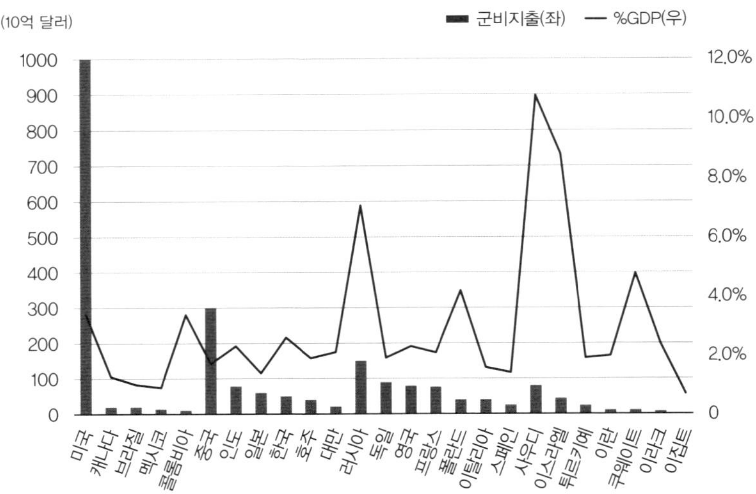

**전 세계 주요 국가들의 군비지출 및 GDP 대비 비중**



주: 우크라이나의 경우 GDP 대비 35%

결정에 대해 불신을 표출하며 독자적인 행동을 우선시하는 것은 물론이고, 동맹국들에게 '선택과 책임'을 요구하고 있다.

또한 2025년 중반 이후 남중국해 분쟁과 대만 문제로 인한 미-중 긴장 고조가 신냉전 2.0의 새로운 축으로 부상하고 있다. 이는 글로벌 공급망 재편을 가속화시키고 있다.

# 미국의 신고립주의와 유럽 재무장 계획

트럼프는 NATO 국가들에게 국방비를 GDP의 5%까지 올릴 것을 압박하고 나서기 시작했다. 이로 인해 유럽의 방산시장은 폭발적으로 성장할 것으로 예상된다. 이 과정에서 유럽 국가들은 유럽산 무기로 채울 것을 결의했다.

## 2030년까지 폭발적으로 성장할 유럽 방산시장

우리가 현재 직면하고 있는 신냉전 시대의 발단은 트럼프 행정부 2기가 들어서면서 미국이 지향하는 신新고립주의와 그 궤를 같이한다. 트럼프 대통령 취임 이후 미국은 과거의 적극적 개입주의를 버리고 신고립주의를 분명히 하고 있다. 미국에 실익이 없다고 판단하는 국제적 분쟁에 대해서는 개입을 최소화하고 군사적·경제적 지원을 하지 않는 것이다.

실제로 트럼프 당선 이후 러시아-우크라이나 전쟁에 대해서는 더 이상의 추가적인 군사 재정 지원을 약속하지 않으려 하고 있고, 종전 협상을 조기에 마무리하고 그동안의 지원에 대해 다양한 형태로 보상을 받는 것에 몰두하고 있다. 심지어 이 과정에서 일부 종전안에 대해서는 노선이 다른 러시아의 입장에서 종전을 종용하는 것처럼 비춰지면서 흔히 동맹국이라고 일컫는 국가들을 당혹스럽게 만들기도 했다.

이처럼 트럼프 2기 행정부는 '세계의 경찰' 또는 '자유국제질서의 수호자'와 같은 수식어를 과감히 던지고 '아메리카 퍼스트'를 내세우면서 미국의 실익을 가장 중요시하는 행보를 보이고 있다.

이런 와중에 2024년 12월 트럼프는 NATO 회원국들의 국방비가 너무 낮다며 GDP의 2% 수준인 국방비 비중을 5%까지 올려야 한다고 강력하게 주장했다. 미국의 국방비 지출은 매년 증가하고 있는 반면, NATO를 비롯한 대부분의 동맹국가들이 국방비를 미국만큼 지출하지 않자 자신들이 동맹국의 안보까지 책임질 필요가 없다고 판단한 것으로 보인다.

이에 따라 2025년 3월 4일 유럽위원회<sup>European Commission</sup>는 8천억 유로 규모의 대규모 방위력 강화 계획인 ReArm Europe Plan을 발표했다. 이 계획은 유럽연합(EU)이 2025년 3월에 발표한 대규모 방위 강화 계획으로 유럽의 군사 역량을 강화하고 전략적 자율성을 확보하기 위한 포괄적인 이니셔티브라고 할 수 있다.

원래 'ReArm Europe'라는 이름으로 제안되었으나, 해당 명칭이 지나치게 자극적이라는 이탈리아와 스페인 지도자들의 주장을

## 미국의 군비지출과 GDP 대비 비중 추이

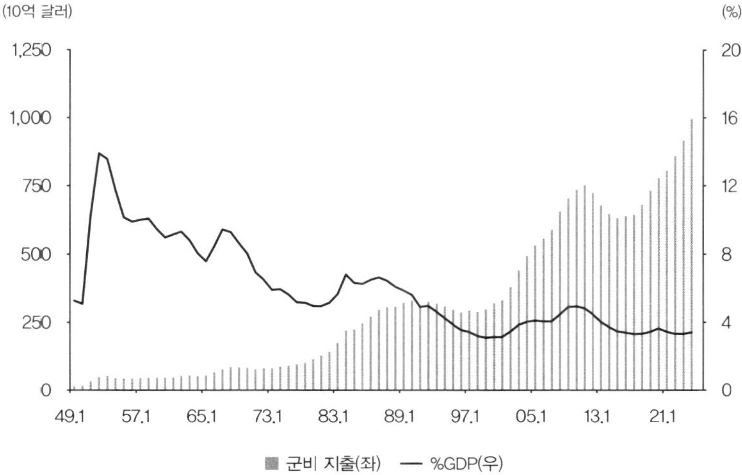


출처: SIPIRI, 하나증권

## 미국의 군비지출 추이와 전년대비 증가율

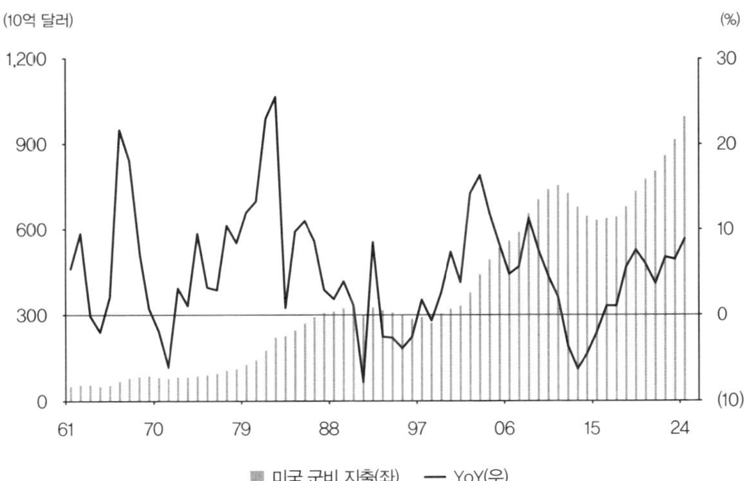


출처: SIPIRI, 하나증권

받아들여 'ReArm Europe Plan/Readiness 2030'으로 리브랜딩
되었다. 러시아의 우크라이나 침공, 미국의 군사 원조 중단(특히 트럼
프 행정부의 정책 변화), 그리고 사이버 공격, 사보타주 등 지정학적 위
협의 증대가 이 계획의 근본적인 시작이 된다. EU는 이 같은 행위들
을 '명백하고 현재적인 위험clear and present danger'으로 규정하며, 유럽
의 안보를 스스로 책임지기 위한 '재무장 시대era of rearmament'의 시작
을 선언했다.

이 계획은 단순한 국방비 지출 증가가 아닌 EU 차원의 조정된 조
달·투자·산업 통합을 강조한다. 목표는 2030년까지 유럽 방위 예
산을 GDP의 2%에서 3.5%로 끌어올리는 데 있으며, 총 8천억 유로
(약 1조 1천억 달러) 규모의 투자가 진행될 예정이다. 이는 냉전 이후 유
럽의 가장 큰 재무장 규모라 할 수 있다. 2025년 10월 기준 이 계획
의 초기 실행 단계에서 독일과 프랑스가 주도하는 공동 프로젝트(예:
FCAS 전투기 시스템)가 가속화되고 있으며, EU 예산 중 10%가 방위
분야로 재배정되었다.

유럽 재무장 계획의 주요 내용은 다음과 같다.

첫 번째, EU 회원국들이 평균적으로 GDP 대비 국방비 지출 비
중을 기존 대비 추가적으로 1.5% 늘린다면 4년 동안 약 6,500억 유
로의 재정적 여유를 확보할 수 있을 것으로 제시했다. 이를 위해 개
별 회원국 차원에서 국방 부문에 대한 공공자금을 적극 동원할 수
있도록 EU 재정준칙 적용을 유예하는 국가별 예외조항을 발동하
는 내용이 포함되었다. 2023년 SIPRI 데이터를 기준으로 볼 때 이

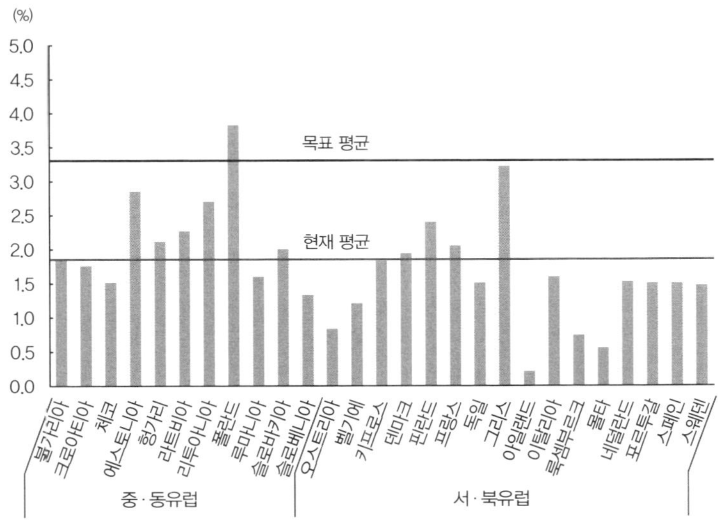



출처: SIPIRI, 하나증권

미 27개국 중 19개국이 GDP 대비 1.5% 이상의 국방비 지출을 진행하고 있었으며, 27개국 평균으로도 1.8% 수준이었다. 만약 이 계획이 현실화될 경우 약 3.3% 내외의 국방비 지출 비중이 달성되는 것이다. 미국 트럼프 대통령이 NATO 회원국에 요구하는 5%(심지어 미국도 2023년 기준 3.4%를 지출중이며, 트럼프 행정부는 국방비 지출을 줄일 예정이다)에는 미치지 못하지만 NATO 내 유럽 회원국들이 '안보 무임승차론'에 반박하는 주요 근거가 될 수 있을 것으로 판단된다.

두 번째, 약 1,500억 유로 규모의 EU 예산을 회원국에 방위투자 목적의 차관으로 제공할 예정이다. 해당 예산은 회원국들의 미사일, 미사일 방어, 포병 시스템, 드론, 안티 드론, 사이버전 등 다양한 분야

| 항목 | 내용 | 예상 규모·효과 |
| --- | --- | --- |
| 재정 유연성<br>(Fiscal Flexibility) | EU 안정성·성장 협정(Stability and Growth Pact)의 국가 이스케이프 조항 활성화. 방위 지출 증가를 위한 예산 유연성 제공 | 4년간 6,500억 유로 동원(회원국 GDP 1.5% 증가 시). 국가별 재정 약화 위험 완화 |
| SAFE(Security Action for Europe) 대출 | EU가 자본 시장에서 자금 조달 후 회원국에 저리 대출. 공동 조달 우선 (미사일 방어, 드론, 포탄 등) | 1,500억 유로. 우크라이나 · EEA(아이슬란드·리히텐슈타인·노르웨이) 포함 |
| EU 예산 재배분 | 기존 결속 기금(cohesion funds) 등 EU 예산 일부를 방위 투자로 전환 | 수백억 유로 규모. 민주적 감독 강화 요구 |
| EIB(European Investment Bank) 역할 확대 | EIB 대출 제한 완화. 방위 기업 지원 (저리 대출·보증) | 민간 자본 유입 촉진. EIB 그룹(EIB + EIF)을 통해 중소기업 지원 |
| 저축·투자 연합<br>(Savings and Investments Union) | 민간 자본 동원 메커니즘. 방위 스타트업(AI·양자 컴퓨팅 · 사이버 보안) 투자 촉진 | 8,000억 유로 전체 중 민간 비중 확대. 자본 시장 연합(CMU) 가속화 |

에서의 무기 공동 조달에 배정된다. 이는 우크라이나 지원을 강화하자는 취지에 따른 것이다. 해당 금액은 EU 예산을 공동부채 형태로 전환하는 만큼 반드시 유럽산 무기 구입 증대에 사용되어야 한다는 'Buy European' 방침이 정해진 것으로 파악된다.

이외 EU 예산을 활용한 방위지출 인센티브 제공과 저축투자연합[SIU], 유럽투자은행[EIB] 등 민간자본의 투자 유치에 대해서도 함께 언급되었다.

유럽의 재무장 계획의 목표치인 GDP 대비 3.5% 수준의 국방비 지출을 달성하기 위해선 국가별로 국방비 증액 규모가 상당히 커야 한다. 독일의 경우 2024년, 977억 유로를 지출했으나 추가적으로

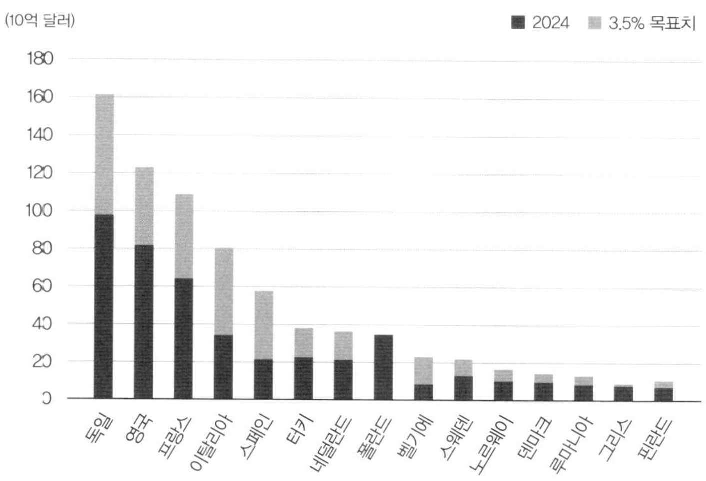


주: 폴란드는 3.5% 달성
출처: NATO

637억 유로의 증액이 필요하며, 이탈리아는 현재의 345억 유로의 134% 수준인 464억 유로를 추가적으로 지출해야 한다. 독일을 포함한 상위 15개 국가의 국방비 지출은 2024년 기준으로 약 4,522억 유로인데, 3.5% 수준에 도달하기 위해선 3,099억 유로를 추가적으로 지출해야 한다. 이는 단순히 한 해의 증가분이 아닌 2030년까지 매년 지출해야 하는 규모다. 이 때문에 향후 유럽의 방위산업 시장 규모는 2030년까지 매년 7% 수준의 지속적인 성장을 보일 것으로 판단된다.

ReArm Europe Plan의 핵심은 말 그대로 '유럽의 재무장'이며, 그 안에서도 'Buy European(유럽산 우선 구매)' 원칙을 강조하고 있다. 유럽 내 방위산업의 육성과 자국의 생산 비중 확대를 강조하는 계획인 셈이다. 이는 2020~2024년, EU 무기 수입의 64%가 미국산이었던 상황을 반전시키기 위한 조치다. 또한 미국이 '아메리카 퍼스트'를 강조하기 시작하며 나타난 현재의 지정학적인 상황에서 미국의 의존도를 낮춤과 동시에 미국 기업들만 수혜를 입을 수 있는 환경을 극복하고자 함이 이번 계획의 주요 원칙 중 하나인 것이다.

유럽산 무기 우선 구매 원칙은 단순한 권고가 아니라, 금융 인센티브와 규제 완화를 통해 강제력을 부여한다. 주요 사항은 다음 3가지다.

첫째, 회원국들은 조달 예산의 최소 50%를 유럽 방위산업(EDTIB: European Defence Technological and Industrial Base)에서 구매해야 한다. 이는 2030년 목표로, 공동 조달 비중을 18%에서 40%로, EU 내 방위 무역 비중을 35%로 높이는 것을 포함한다.

둘째, '유럽산' 범위는 EU 회원국뿐만 아니라 EEA(유럽경제지역: 아이슬란드, 리히텐슈타인, 노르웨이) 국가와 우크라이나를 포함한다. 예를 들어 우크라이나의 드론 및 포탄 생산을 지원하며, 이는 EU 자금으로 구매 가능하게 된다. 영국과의 협력 여지도 열어두었으나, 미국산은 비용·성능·공급 지연 시에만 예외적으로 허용된다.

셋째, 공동 구매 시 가격 인하와 신속 납품을 위한 EU 지원(예: VAT 면제, 규제 완화)이 제공되며, 이는 유럽 내 표준화와 상호 운용성을 강화하는 것이 원칙이다.

이러한 유럽산 무기 우선 구매 원칙은 단순히 특정 분야에만 국

| 구성 요소 | 규모(유로) | 유럽산 구매 연계 |
| --- | --- | --- |
| 국가 예산 증액 | 6,500억 | SGP 예외로 유럽산 우선 구매 촉진, 공동 프로젝트 의무화 |
| SAFE 대출 | 1,500억 | 공동 구매 전용, 최소 50% 유럽산(우크라이나 포함) 할당 |
| EDIP 및 기타 기금 | 15억(2025~27) | 공동 생산·혁신 지원, EU 내 무역 35% 목표 |
| 총계 | 8,000억 | 전체 지출의 70% 이상 유럽산으로 전환 목표(현재 36%에서) |

출처: NATO 발표 언론 종합

한되는 것이 아니며, 공중·미사일 방어 시스템air and missile defence, 포병 시스템, 미사일, 탄약artillery systems, missiles, ammunition, 드론 및 대드론 시스템drones and counter-drone warfare, 사이버 보안, 군사 이동성, 정보·전자전intelligence, electronic warfare처럼 전반적인 무기 체계에 모두 적용된다.

유럽산 무기 구매 우선 원칙을 적극적으로 지원하기 위해서 EU는 다양한 방법의 금융 지원 프로그램을 지원할 계획이다. 향후 회원국들은 'European defence industry investment plan'을 제출해야 하며, 유럽산 제품 우선과 공동 조달 계획 프로그램하에 함께 행동하는 것을 원칙으로 한다. 이 같은 사항들은 EU 집행위원회가 감독하며, 2030년까지 공동 조달 비중 달성 여부를 평가한다. 또한 의반 시 금융 지원 축소가 가능하도록 원칙적으로 명시했다.

다만 EU는 공식적으로 역외산非EU産 방산 물품을 직접적으로 차

**유럽 재무장 계획 프로그램의 유럽산 무기 지원 내용**

| 분야 | 기업 | 주요 프로그램 |
|---|---|---|
| 공중 및 미사일 방어 | • Thales<br>• Leonardo<br><br>• Rheinmetall BAE<br>• Systems<br>• BAE Systems | • GM200/400 레이더, GF300 SAMP/T NG(MBDA와 공동)<br>• SAMP/T용 Kronos 레이더, RAT 31DL, TMMR, Falcon Shield, MBDA 지분<br>• Skynex 방공 시스템; Skyguard; Millennium Gun<br>• Type-45 구축함용 SAMPSON 레이더; TRIDON Mk2,<br>• MBDA 지분 |
| 포병 및 탄약 | • Rheinmetall<br>• RENK<br>• BAE Systems<br>• Leonardo | • 105/155mm, 중구경, 전차 탄약, AHEAD 35mm<br>• 포병용 변속기<br>• 155mm, Archer, M777 곡사포<br>• Vulcano 유도 155mm, FH70 지원, LINAPS |
| 드론 및 대(對) 드론 | • BAE Systems<br><br>• Thales<br>• Leonardo<br><br>• Dassault Aviation | • FalconWorks, T-시리즈, PHASA-35, C-UAS, GCAP 윙맨<br>• SpyRanger UAV, C-UAS(Eagleshield 포함)<br>• Falco Explorer MALE UAV, Baykar JV, Falcon Shield<br>• C-UAS, Eurodrone<br>• Rafale F5용 스텔스 UCAS, Eurodrone |
| 군사 기동성 | • Rheinmetall<br>• RENK<br>• BAE Systems<br>• Leonardo | • HX/TG 트럭, Boxer 장갑차, 기타 장갑 차량<br>• 군사 기동용 변속기 및 주요 부품<br>• CV90 보병전투차량(IFV)<br>• AW149 헬리콥터 |
| AI/양자/ 사이버/ 전자전(EW) | • Thales<br>• BAE Systems<br><br>• Leonardo<br>• Rheinmetall<br>• Dassault Aviation | • 강력한 AI/양자/사이버/전자전 역량<br>• BAE 디지털 인텔리전스. 강력한 AI/양자/사이버/전자전 역량<br>• 강력한 AI/양자/사이버/전자전 역량<br>• 전자 솔루션 부문<br>• Rafale F4/F5 |
| 전략적 지원 요소 | • BAE Systems<br>• Thales<br>• Leonardo<br>• Dassault Aviation<br>• Rheinmetall<br>• RENK | • Ball Aerospace<br>• Thales Alenia Space<br>• Telespazio<br>• Rafale<br>• 군수 차량<br>• 장갑 및 해군 자산의 핵심 부품 |

출처: 골드만삭스

별하는 내용을 의무화하고 있지는 않음을 표명하고 있다. 이는 향후 미국이 관세 등의 카드로 강력 반발할 수 있는 상황에 대비한 것으로 보인다.

하지만 이 같은 유럽산 무기 우선 구매원칙은 서유럽 또는 북유럽의 선진 국가들에게는 납득할 만한 정책이지만, 러시아 국경에 인접해 있는 동유럽 국가들의 입장은 다르다. 동유럽 국가 입장에서는 서유럽 국가들의 방위산업 육성을 기다려줄 정도의 시간적 여유가

**유럽의 주요 방산기업 현황 요약**

| 기업명 | 티커 | 2024년 방산 매출액 (십억 달러) | 2025년 10월 시가총액 (십억 달러) | 주요 제품·서비스 |
|---|---|---|---|---|
| BAE Systems | BA.L | 32.3 | 83 | 전투기(F-35, Eurofighter), 잠수함(Astute-class), 미사일 시스템 |
| Leonardo S.p.A. | LDO.MI | 19.0 | 38 | 헬리콥터, 전자 시스템, 레이더 |
| Thales | HO.PA | 11.0 | 66 | 레이더, 미사일 시스템, 통신 장비 |
| Rheinmetall | RHM.DE | 8.3 | 104 | 탱크, 포병, 공중 방어 시스템 |
| Rolls-Royce Holdings | RR.L | 6.5 | 60 | 항공 엔진, 해군 추진 시스템 |
| Safran | SAF.PA | 4.0 | 127 | 엔진, 항공 전자 장비, 미사일 |
| Dassault Aviation | AM.PA | 6.2 | 26 | 전투기(Rafale, Mirage) |
| Saab AB | SAAB-B.ST | 6.0 | 32 | Gripen 전투기, 잠수함, 레이더 |
| Babcock International | BAB.L | 4.0 | 5 | 선박 수리, 훈련 시스템 |

출처: 각 사 발표 언론 취합 자료

많지 않으며, 서유럽·북유럽 국가 대비 뒤처져 있는 경제적 여건을 고려한다면 한정된 예산 내에서 충분한 양의 무기 확보를 위해 가격 적인 측면이 중요한 고려 요소가 될 것이다.

동유럽 국가들 역시 EU·NATO를 통해 경제적·군사적 이해관계 가 엮여 있는 이상 유럽산 무기 조달 비중 상승에 대한 요구를 완전 히 회피하기는 어렵겠으나, 상대적으로 무기 확보가 시급한 상황을 고려하면 자율적인 판단을 내릴 가능성도 있다고 볼 수 있다.

지금까지의 이런 우호적인 상황들을 기반으로 유럽 방산기업들 의 주가는 매우 높은 상승률을 기록하고 있다. 러시아-우크라이나 전쟁이 방산기업들의 주가 상승의 1차적인 촉매가 되었다면, 트럼 프의 대통령 당선 이후 지속적으로 요구되고 있는 방산비 지출 비중 증가가 2차적인 촉매로 방산기업들의 주가를 밀어올리고 있다.

러시아-우크라이나 전쟁 이후 독일의 라인메탈이 2200%가 넘 는 주가 상승률을 기록하고 있고 SAAB와 롤스로이스도 800%가 넘는 주가 상승률을 기록중이며, 다른 방산기업들의 주가도 최소 200% 이상의 상승률을 보이고 있다.

# 유럽 못지 않은 잠재력을
# 보이는 중동의 방산시장

'세계의 화약고'라고 불리는 중동 역시 방산시장의 큰 축이다. 분쟁지역이 증가하는 만큼 국방비 예산이 늘면서 중동의 방산시장 규모도 사상 최고치를 기록할 전망이다.

## 유럽의 절반 수준에 달하는 중동의 방산시장

2024년 기준 유럽 상위 16개 국가의 방위비가 대략 4천억 달러인데, 중동의 방산시장 규모는 약 2,435억 달러 수준으로 대략 유럽의 54% 수준에 달한다. 특히 '세계의 화약고'라는 별명을 가지고 있는 중동인 만큼 언제라도 각종 분쟁이 일어날 가능성이 높기 때문에 방위산업 시장에서는 잠재력이 상당히 높다.

최근 2년간 중동지역은 2023년 10월 7일 하마스의 이스라엘 기습 공격으로 촉발된 '중동 위기(2023 – 현재)'의 여파로 극심한 불안정성을 보이고 있다. 이 위기는 이스라엘-하마스 전쟁을 시작으로 이란, 헤즈볼라, 후티 등 '저항의 축Axis of Resistance' 세력과의 충돌로 확대되었으며, 여기에 시리아 내전의 재점화와 예멘 내전의 국제화가 가중되었다. 주요 분쟁은 지정학적 긴장(이스라엘-이란 핵 문제), 대리전proxy wars, 인도적 위기(가자·레바논 난민 증가)로 특징지어지며, 사망자 수는 20만 명 이상으로 추정된다. 2020~2023년은 상대적 휴전 상태(예: 시리아 2020 휴전, 예멘 2022 휴전)였으나, 2023년 이후 급격한 상황 악화로 이어지고 있다.

이 같은 중동지역의 각종 분쟁들은 중동지역 국가들로 하여금 국방 예산을 확보하고 이를 지속적으로 늘려가는 중요한 계기가 되고 있다. 중동지역의 총 방위비 비중은 전 세계에서 약 9% 수준을 기록하는 수준에 그치고 있으나, 중동지역 국방비 예산이 GDP에서 차지하는 비중은 약 4.3%로 NATO 지역 평균의 두 배에 달한다. 무기 수입 비중은 글로벌 기준 약 27%여서 방산업체들에는 큰 기회의 땅으로 여겨진다.

여기에 더해 일부 국가의 반미 정서 확대에 따른 미군 철수 우려도 안보 위협 증가 요인으로 이어지면서 향후 국방 예산은 추가적으로 확대될 가능성이 있다. 현재 중동 내 미군은 약 4만 명이 배치되어 있는데 이라크, 시리아 등에서부터 시작되어 2026년까지 순차적으로 철수할 예정이다. 미국의 철수 기조에 따라 해당 국가들은 일시적 전력 공백을 고려해 더 많은 무기를 도입할 것으로 보인다. 2025년 기준 사우디아라비아와 UAE의 국방 예산 증가는 미군 철

**최근 2년간의 중동 주요 분쟁 및 전쟁**

| 기간 | 분쟁 | 주요 대상 | 내용 |
|---|---|---|---|
| 2023년 10월~ 2025년 1월 | 이스라엘– 하마스 전쟁 | 이스라엘 vs. 하마스 (가자 지구) | • 10월 7일 하마스 기습 공격(이스라엘인 1,200명 사망, 251명 인질)으로 시작<br>이스라엘의 대규모 공습 · 지상전으로 가자 파괴<br>• 2025년 1월 19일 휴전(인질 33명+포로 1,900명 교환)<br>그러나 9월 이스라엘의 카타르 도하 하마스 지도부 공습으로 재점화 |
| 2023년 10월~ 2024년 11월 | 이스라엘– 헤즈볼라 전쟁 | 이스라엘 vs. 헤즈볼라 (레바논) | • 하마스 공격 지지로 헤즈볼라의 로켓 공격(700회+)<br>• 2024년 10월 이스라엘 남부 레바논 침공<br>• 2024년 11월 말 휴전, 그러나 산발적 충돌 지속<br>헤즈볼라 지도자 암살(포우아드 슈쿠르 등) |
| 2023년 11월~ 2025년 5월 | 홍해 위기 (후티 선박 공격) | 예멘 후티 vs. 이스라엘 · 미국 · 영국 | • 하마스 지지로 후티의 홍해 선박 공격(190회+, 165척 타격)<br>• 글로벌 무역 70% 감소(수에즈 우회)<br>미국 · 영국 공습<br>• 2025년 5월 휴전<br>• 2025년 8월 이스라엘의 예멘 공습(사나 공항 · 발전소 타격)으로 재개 |
| 2024년 4월 10월, 2025년 6월, 세 차례 | 이스라엘– 이란 직접 충돌 | 이스라엘 vs. 이란 (시리아 · 이란 본토) | • 2024년 4월 이스라엘의 시리아 이란 영사관 폭격(이란 고위관 사망)으로 이란의 이스라엘 미사일 보복<br>• 2024년 10월 재충돌<br>• 2025년 6월 13일 이스라엘의 이란 핵 · 군사 시설 대공습(테헤란 등, 혁명수비대 총사령관 사망).<br>이란의 150발 미사일 보복(이스라엘 6명 사망).<br>미국 핵 시설 공습 지원. |
| 2024년 11월~ 2025년 1월 | 시리아 내전 재점화 (아사드 정권 붕괴) | 시리아 정부군 vs. 반군 (HTS 주도) | • 2024년 11월 반군 공세로 알레포 · 하마 함락<br>• 2024년 12월 다마스쿠스 점령. 아사드 도주, 정권 붕괴<br>• 2025년 1월 HTS 임시 정부 수립. 러시아 · 이란 지원 약화(헤즈볼라 패배 영향) |
| 2023년~ 2025년 지속 | 서안지구 폭력 사태 | 이스라엘 vs. 팔레스타인 민병대 | • 하마스 전쟁 여파로 이스라엘 정착민 공격 증가 (2024~2025년 2,208건)<br>• 8월 제닌 · 툴카룸 대공세(이스라엘 최대 작전) |
| 2023년~ 2025년 지속 | 예멘 내전 (후티 vs. 정부) | 후티 vs. 예멘 정부 (사우디 지원) | • 2023년 사우디–이란 화해로 휴전(2022년 이후) 후티의 홍해 공격으로 재개<br>• 2025년 3월 미국 대규모 공습 (레이더 · 미사일 타격). |

출처: 언론사 종합 자료

## 중동지역 국가별 글로벌 무기 수입량 비중

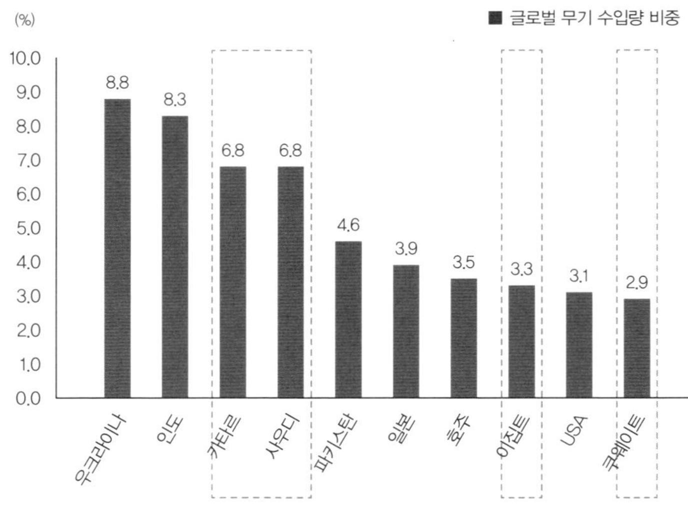


출처: SIPRI, 대신증권

## 중동지역 국가별 GDP대비 국방비 비중

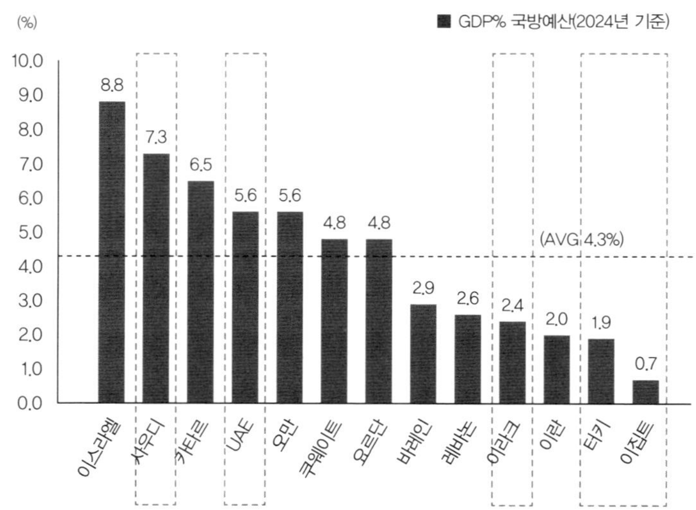


출처: SIPRI, 대신증권

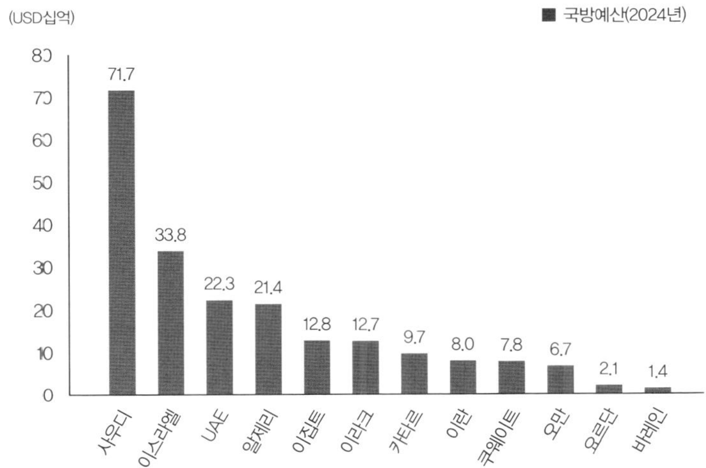

수에 따른 대응으로, 터키와 이집트의 드론 및 미사일 시스템 수입
이 급증하고 있다.

　국가별로는 최근 전쟁과 분쟁이 가장 잦았던 이스라엘이 GDP 대
비 국방비가 차지하는 비중이 8.8%로 가장 높고, 사우디아라비아가
7.3%, 카타르가 6.5%로 그 뒤를 잇고 있다. 절대적인 국방비 지출은
사우디아라비아가 717억 달러의 국방비를 지출하며 가장 많은 금
액을 지출하고 있고, 이스라엘이 338억 달러, UAE가 112억 달러,
알제리 214억 달러의 국방비를 지출하고 있다.

# 천조국을 넘어 1,500조국으로 가는 미국

미국의 방산 지출은 전 세계적으로 압도적이다. 그럼에도 불구하고 최근 주식 시장에서 미국의 방산기업들의 주가는 유럽 기업들 대비 상대적으로 매우 부진했다. 하지만 2026년에는 조금 다른 양상으로 변화될 가능성이 크다.

## 미국의 방위산업 시장

미국의 국방비(방산비) 지출은 세계 최고 수준을 넘어 절대적인 금액 자체가 다른 국가들과는 비교조차 안 되는 수준이다. 미국을 제외한 나머지 상위 국가 10개를 합친 수준보다도 많은 것이 미국의 국방 관련 지출이다. 한때 미국을 표현하는 말로 '천조국'이라는 단어가 유행이었는데, '국방비만 1년에 1천조 원을 넘게 쓴다'는 말에서 유래했을 정도로 미국의 국방비 관련 지출은 실로 엄청나다.

하지만 이젠 그 천조국이라는 단어도 옛말이 되어 곧 1,500조

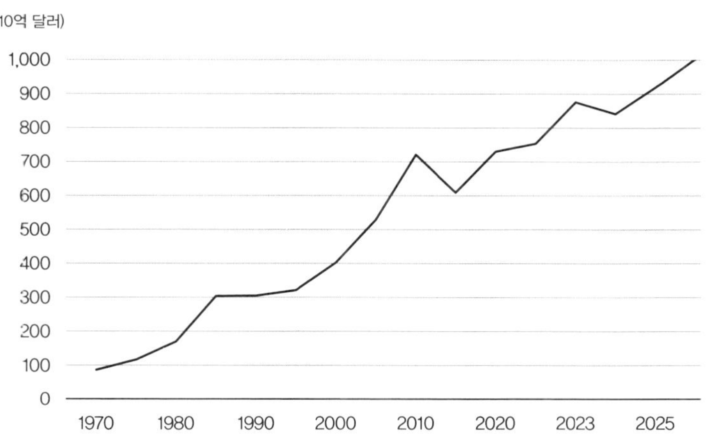



출처: NDAA

원 수준이 머지않아 보인다. 2024년 미국의 국방비 관련 지출은 약 8,400억 달러 수준이었으며, 업계에서는 2025년에는 9,300억 달러 수준이 될 것으로 추정중이다. 2026년에는 사상 처음으로 1조 달러의 국방비 예산이 책정될 수도 있는 것 아니냐는 예상도 조심스럽게 나오고 있다.

다만 여느 다른 국가들도 마찬가지겠지만, 저 막대한 금액의 국방비 지출이 무기 구매에만 쓰여지는 것은 아니다. 기본적으로 미군의 규모가 워낙 거대하고, 각 나라에 주둔해 있는 미군의 규모가 방대하기 때문에 타 국가 대비 기본적인 운영 및 유지에 들어가는 비용이 상당하다. 업계 자료에 따르면 미국 국방비 지출의 약 50% 이상이 군 운영 및 유지, 그리고 인력을 관리하는 비용에 지출되며, 무

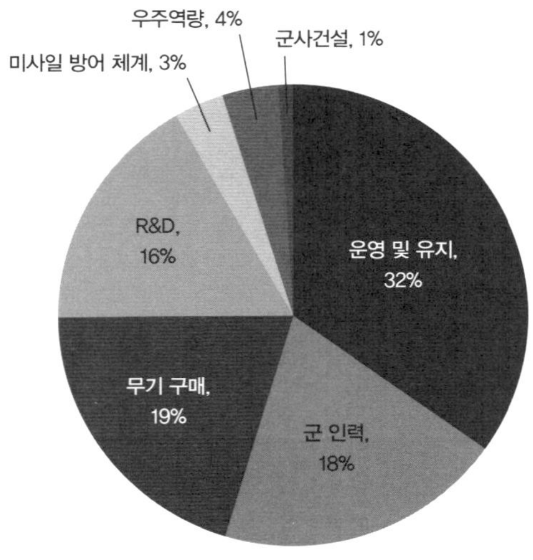


출처: DOD

기 구매와 미사일 방어 체계에 대한 지출이 각각 19%, 3%를 차지해 실제 무기 구매(무기 구매, 미사일 방어 체계)에는 약 22%의 금액이 지출되는 것으로 추정된다.


## 미국의 주요 방산기업


　미국의 대표적인 방산기업으로 록히드마틴, RTX, 노스롭 그루먼Northrop Grumman, 제네럴 다이내믹스General Dynamics, L3Harris Technologies 등이 있다. 우리에게 가장 잘 알려진 록히드마틴은 전투기와 싸드THAAD 같은 미사일 방어 시스템이 주력 제품이다. 최

**미국 주요 방위산업 기업 요약**

| 기업명<br>(티커) | 2024년<br>방산 매출액 | 2025년 9월<br>시가총액 | 주요제품·서비스 |
|---|---|---|---|
| Lockheed Martin<br>(LMT) | 683.9억 달러 | 약 1,138.0억 달러 | F-35 전투기, 미사일 시스템<br>(Javelin, THAAD), 우주 시스템 |
| RTX Corporation<br>(RTX) | 435.0억 달러 | 약 2,186.5억 달러 | 미사일(Patriot, Tomahawk), 레이더,<br>전자전 시스템 |
| Northrop<br>Grumman<br>(NOC) | 366.0억 달러 | 약 851.3억 달러 | B-21 Raider 폭격기, Global Hawk<br>드론, 핵 미사일 시스템 |
| General<br>Dynamics<br>(GD) | 365.0억 달러 | 약 888.5억 달러 | Virginia급 잠수함, Abrams 탱크,<br>IT·통신 시스템 |
| The Boeing<br>Company<br>(BA) | 317.5억 달러 | 약 1,673.1억 달러 | KC-46 공중급유기, CH-47<br>Chinook 헬리콥터, AH-64 아파치,<br>F-15, F/A-18, 위성 시스템 |
| L3Harris<br>Technologies<br>(LHX) | 169.8억 달러 | 약 549.2억 달러 | 통신 장비, 센서, ISR(정보·감시·<br>정찰) 시스템 |
| Leidos<br>(LDOS) | 115.6억 달러 | | IT 솔루션, 사이버 보안, ISR,<br>데이터 분석 |

출처: 각 사 발표 언론 취합 자료

근에 미국에서 방산기업 중 가장 높은 시가총액을 기록하고 있는 RTX는 패트리어트 미사일, 토마호크 미사일 등 미사일 전문기업이다. 미국은 상대적으로 영토가 매우 넓고 해외파병 병력이 많아 대규모 지상군보다는 공군, 해군, 정밀 타격 중심의 전략을 오랜 기간 유지해오고 있기 때문에 미사일 방어 체계와 공군의 기업이 유럽에 비해 압도적인 비율을 자랑한다.

다만 미국 내에서도 제네럴 다이내믹스는 여전히 전차와 장갑차 계열 무기를 주력으로 하고 있는데, 사실상 미국에서 유일하게 주력 전차 대량 생산 능력을 유지중인 기업이라고 볼 수 있다. 제네럴 다이내믹스의 전차는 1991년 걸프전, 2003년 이라크전에서 사막과 도시지형에서 완벽하게 임무를 수행해 그 성능을 인정받으며 미국 육군과 해병대의 핵심 전차로서의 역할을 하고 있다. 폴란드, 사우디, 이집트, 쿠웨이트 등에 수출한 이력이 있다.

앞서 살펴봤던 것처럼 유럽 방산기업들의 주가는 우크라이나 전쟁 이후 폭발적인 상승세를 보였다. 하지만 미국 방산기업들의 주가는 S&P500의 상승률에 그치거나 이마저도 하회하는 수익률을 보이는 기업들도 있다. 유럽과 미국의 방산기업들의 주가 수익률이 이처럼 큰 차이를 보이는 이유는 다음과 같다.

첫째, 이번 방위산업 주가 사이클의 촉매는 러시아-우크라이나 전쟁이었기 때문에 지정학적으로 유럽 기업들과의 직접적 접촉이 컸다(라인메탈의 탄약, 장갑차 등).

둘째, 미국의 정책적 변화에 따라 미국 군비지출 상승이 둔화되었다. 반면 NATO를 중심으로 한 유럽 국가들의 방위비 지출이 대폭 증가할 것이라는 기대감이 있었다.

셋째, 유럽 국가들의 방위비 증가가 대부분 유럽 기업들의 무기 구매로 이어질 것이라는 가능성이 있었기 때문이다.

넷째, 록히드마틴, RTX 등 미국의 방산기업들은 이미 세계 시장의 40% 이상을 점유하고 있어 유럽 기업들과 같은 높은 기저효과를 기대할 수 없었고, 이미 충분히 높은 주가 밸류에이션Valuation 평가를 받고 있었기 때문이다.

더불어 우크라이나 전쟁에서 보여진 것처럼 현대전에서는 상대적으로 저가의 현대 무기(드론·AI)가 전통 무기(탱크·전투기)를 압도하면서 전통 무기에 대한 수요가 상대적으로 감소한 영향도 없지 않다.

이 같은 유럽 방산기업의 약진, 미국 기업의 부진이 2026년 이후에도 지속될지는 지켜봐야 할 것이다. 이미 유럽 기업들의 주가 밸류에이션이 미국 수준에 다다랐거나 초과한 기업들이 등장하기 시작했으며, 유럽 국가들의 방위비 증가는 이미 상당 부분 미래의 이익 추정치에 상당 부분 반영되었기 때문이다.

반면 미국이 미국만을 지키기 위한 지금의 소극적인 방위정책은 언제든지 변할 수 있으며, 소극적인 방위정책 내에서도 언제든지 무기 구매를 늘릴 수 있는 계기가 생겨 폭발적인 대량 무기 발주로 이어질 경우 양상은 완전히 다르게 변화될 수 있다.

실제로 2025년 10월 초, 미국 국방부는 주요 방산기업들에 미사일 생산을 대폭 늘릴 것을 요청했다. 유럽과 중동지역의 안보 불안이 커지면서 미사일 비축 수요가 급증한 것이 생산량 증대 요청의 주요 이유라고 밝혔다. 트럼프 행정부는 이를 '국가 안보 우선' 정책으로 홍보하고 있으며, 우크라이나 지원으로 소진된 재고(예: THAAD 미사일 25% 감소, Patriot 75% 감소)를 보충하는 데 초점을 맞추고 있다.

2026년 이후의 방위산업의 주가는 매우 높은 확률로 트럼프의 외교 및 국방 정책에 영향을 받을 것으로 보여 향후 트럼프의 발언이 관련 산업 영향에 절대적인 영향을 미칠 가능성이 크다.

 한화에어로스페이스(012450-KR)

* Relative: S&P 500 Index
* 시가총액(백만 달러): 54,484,266

◆ **기업 개요**

- 1977년 8월 1일 삼성정밀공업 주식회사로 설립되었으며, 1987년 2월 삼성항공산업 주식회사로, 2000년 3월 삼성테크윈 주식회사로 상호를 변경

- 2015년 6월 29일 기존 최대주주였던 삼성전자㈜ 외 특수관계인 4인이 보유지분을 ㈜한화로 매각해 2015년 6월 29일 한화테크윈 주식회사로 상호를 변경했으며, 2018년 3월 23일 회사의 사명을 한화테크윈에서 한화에어로스페이스로 변경

- 본사는 경남 창원시이고, 직원 수는 약 1만 명. 지상·해상·항공 방위 시스템부터 우주 발사체 엔진까지 포괄하는 종합 방산·항공우주 기업으로 성장했으며, 2024년 기준으로 매출 11.2조 원을 달성해 국내 방산업체 중 최초로 10조 원 클럽에 진입

- 2025년부터 연결 실적에서 한화비전은 빠지고 한화오션이 추

가되면서 전체적인 실적이 2024년과는 큰 차이를 보임

- 방산: K9자주포 및 K10 탄약운반장갑차, K55A1자주포, 각종
장갑차, 천무 발사대, 천궁 발사대, 전술지대지 유도탄 등
- 항공: KF-21, T/FA-50, 수리온, 가스터빈 엔진 등
- 우주: 누리호의 엔진 및 핵심 구성품 생산, 우주 사업 밸류체인
강화중
- 2025년 유상증자로 4.2조 원 조달해 미래 역량 강화에 투자
- 2025년 상반기 말 기준 방산 수주잔고는 31.7조 원

**◆ 투자 포인트**

- 육·해·공으로 펼쳐진 풍부한 방산 포트폴리오
- K9의 경쟁력과 대량 생산 능력을 통한 신속한 무기 공급. 더불
어 압도적인 가격 경쟁력으로 지속적인 시장 점유율 확대
- 기술 이전 및 현지 라이선스 생산 방식의 제공으로 구매국의
산업 발전과 기술 자립에 기여하고 장기적인 파트너십을 형성
- 높은 수주잔고를 빠르게 소화해낼 수 있는 생산 능력으로 향후
2~3년간 안정적인 실적 시현 가능

**◆ 리스크**

- 주요 수출국과의 외교 관계 변화, 전쟁 종식 또는 평화 정착 등
의 국제 정세 변화가 수주 규모나 이행에 직접적인 영향
- 글로벌 방산시장에서 유럽 및 미국 등 경쟁사들의 견제가 심화

되거나 새로운 경쟁국이 등장할 경우 수출 경쟁력이 약화될 가
능성

- 추가적인 대규모 수주가 없을 경우 향후 3년 뒤의 실적 부진으
로 이어질 수 있어 주가 고평가 논란

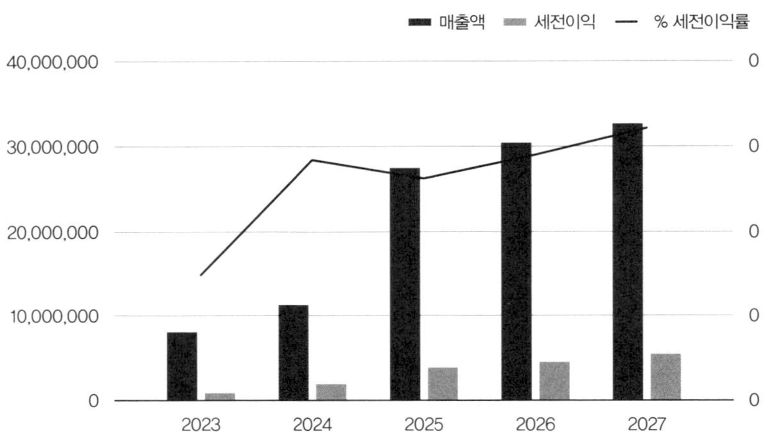


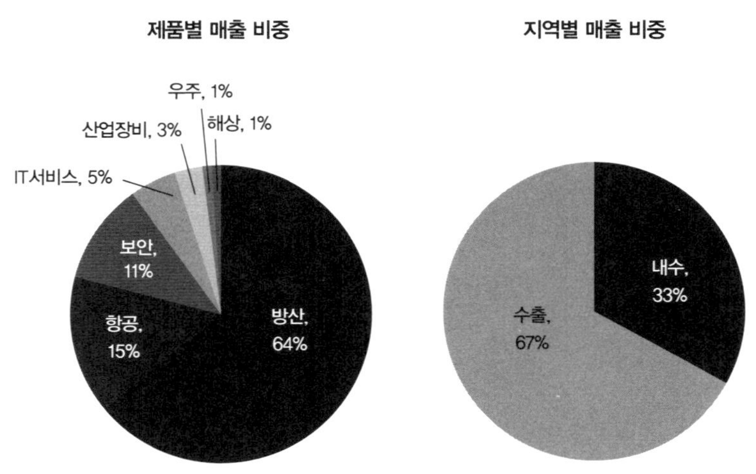

* Relative: S&P 500 Index
* 시가총액(백만 달러): 23,520,164

#### ◆ 기업 개요

- 1999년 현대정공, 대우중공업, 한진중공업의 철도차량 부문을 통합해 한국 철도차량으로 설립. 이후 2001년 현대자동차그룹에 편입되었고, 2007년 현대로템으로 사명 변경

- 글로벌 종합기계업을 영위하는 회사로 주요 사업은 '육·해·공 종합무기체계, 우주발사체, 미래무인 체계 등의 디펜스 솔루션 부문' '고속철을 비롯한 종합철도차량 제조, 철도 시스템, 철도 운영 및 유지보수 등의 레일 솔루션 부문' '수소 인프라, 산업용 로보틱스 및 프레스, 에코 제철설비 등을 제조·판매하는 에코 플랜트 부문'으로 구성.

- 디펜스 솔루션: 대한민국 국군 주력 전차인 K2 흑표 전차와 그 계열 차량, 차륜형 장갑차가 주력 품목. 폴란드와의 대규모 K2 전차 수출 계약을 통해 폭발적인 실적 성장 기록중이며, 루마니

아 등 타 유럽 국가 및 중동지역으로의 수출 확대 추진중. 현대로템의 K2 전차는 미국 M1 에이브람스, 독일 레오파르트 2와 함께 세계 3대 주력 전차로 평가받음

- 레일 솔루션: 고속철도 차량, 전동차, 기관차 등 모든 종류의 철도 차량 제작. 국내에서 독보적인 위치에 있으며, 해외 다양한 국가에 진출중
- 에코플랜트: 플랜트 엔지니어링, 수소 인프라 사업 등에 진출. 현대차그룹의 수소 경제 전략과 연계되어 성장 잠재력 보유
- 2022년 폴란드와 K2전차 1천 대를 공급하는 프레임워크 계약을 체결. 2022년 8월 34억 달러(K2전차 180대) 본계약 완료. 2025년 8월 65억 달러 2차 본계약 완료

◆ **투자 포인트**

- 폴란드와의 장기 계약 공급 확보로 인한 향후 3년간의 실적 안정성 확보. 대규모 수주로 인해 높은 수익성 확보 가능(2025년 상반기 말 기준 수주 잔고 21.6조 원)
- 유럽 재무장 계획에 따른 추가적인 유럽 국가로의 공급 계약에 대한 기대감
- 레일 솔루션 부문 국내 저가 프로젝트 마무리 단계로 이후 레일 솔루션 부문에서의 실적 개선 기대감이 상승중이며, 미국 등 차세대 전동차 사업에서의 대규모 수주 기대감이 상승중

226

◆ **리스크**

- 높은 방산 의존도: K2 수출 지연 시 실적 충격 가능성

- 철도 부문의 낮은 수익성: 입찰 경쟁이 치열하고 원가율이 높음

- 유럽 국가들의 유럽 무기 우선 구매 원칙으로 인한 추가적인 확장 제한

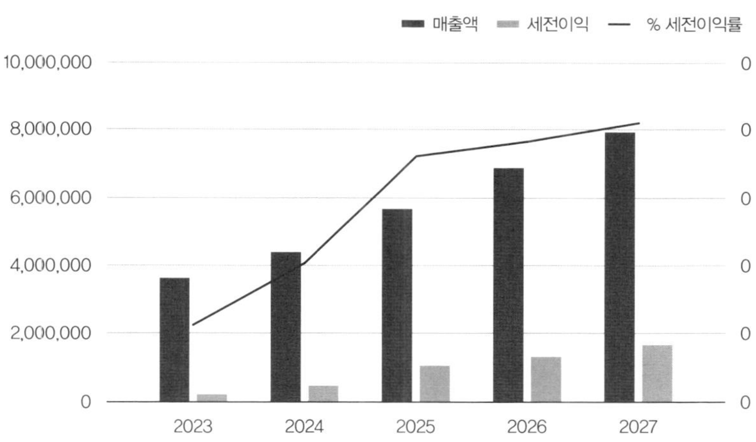


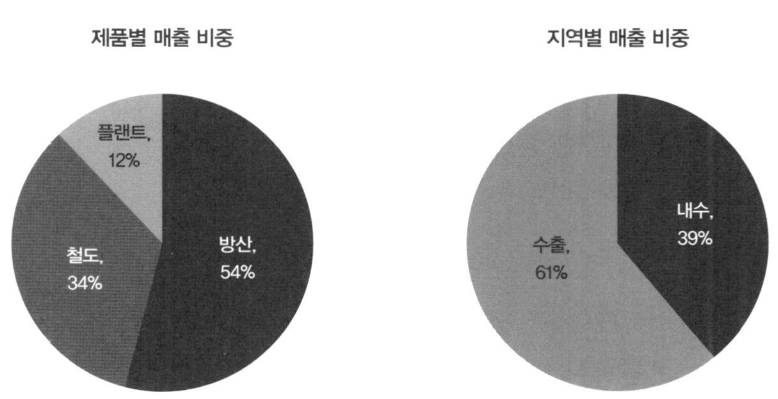

 # Lockheed Martin Corporation
(LMT-US)

* Relative: S&P 500 Index
* 시가총액(백만 달러): 115,392

## ◆ 기업 개요

- 1995년 매릴랜드주 베데스다에서 시작한 글로벌 안보 및 항공 우주 기업, 기술 시스템, 제품 및 서비스의 연구, 설계, 개발, 제조, 통합 및 유지보수 사업을 수행함. 항공Aeronautics, 미사일 및 화력 통제MFC, 로터리 및 임무 시스템RMS, 우주Space 부문

- 글로벌 방위산업의 절대 강자. 매출의 대부분(70%)이 미국 국방부 등 정부기관으로로터 확보되는 세계 최대 규모의 방위산업체

- 항공 부문: 첨단 군용 항공기와 무인 항공기 등을 설계·제조. 대표 제품은 F-35 라이트닝II(세계 최대 스텔스 전투기 프로그램), F-22 랩터, C-130J 슈퍼 허큘리스 등

- 미사일 및 화력 부문: 공대공·공대지 미사일, 대공·미사일 방어 시스템, 화력 통제 시스템, 무인·유인 지상차량 등. 대표 제품은 THAAD(단거리·중거리 탄도 미사일 요격 시스템), 패트리어트

PAC-3 미사일 방어 시스템, 재블린 대전차 미사일

- 로터리 및 미션 부문: 군용·민간 헬리콥터, 해·육상 미사일 방어 시스템 등. 대표 제품은 시코르스키 블랙호크 헬리콥터, 이지스 전투 시스템
- 우주 부문: 위성, 우주 수송 시스템 등. 대표 제품은 GPS 위성, 오리온 우주선, 차세대 ICBM
- NGAD<sup>Next Generation Air Dominance</sup> 프로그램에 참여해 6세대 전투기를 개발중이며, AI 기반 자율 비행체, 무인 시스템 개발, 극초음속 무기 개발중
- 대한민국엔 F-35A 전투기를 공급중이며, T-50 고등 훈련기 및 F-16 전투기를 한국항공우주와 공동 생산 및 기술 협력중


### ◆ 투자 포인트

- 최근 4년간 유럽 방산업체 대비 낮은 주가 상승률을 기록해서 상대적으로 낮은 주가 밸류에이션이 매력
- 미국 국방부의 미사일 재고 확보에 따른 미사일 방어 시스템의 폭발적 성장 가능성(2025년 9월 미국 국방부로부터 98억 달러 규모 패트리어트 수주. 나토 및 아시아 동맹국들의 방공망 강화 수요 지속)
- 안정적인 배당 및 주주환원, 21개년 연속 배당 증가. 2025년 기준 FCF 6.6억 달러 가이던스 재확인. 장기투자자에게 유리
- 추가적인 지정학적 긴장에 따른 수혜가 가능하며, 미국 동맹국들의 F-35 프로그램의 장기 안정성 돋보임(17개국 이상)

- 매출의 70%가 미국 연방 정부 및 국방부에서 발생하므로, 정
  치적 교착 상태가 실적에 직접적인 영향을 미침
- 해외 경쟁사들의 기술 추격 속도가 빠름. AI·무인기·극초음속
  무기 등 신시장에서 정체할 경우 시장 점유율 감소. 환율 변동에
  따른 수익성 리스크가 존재

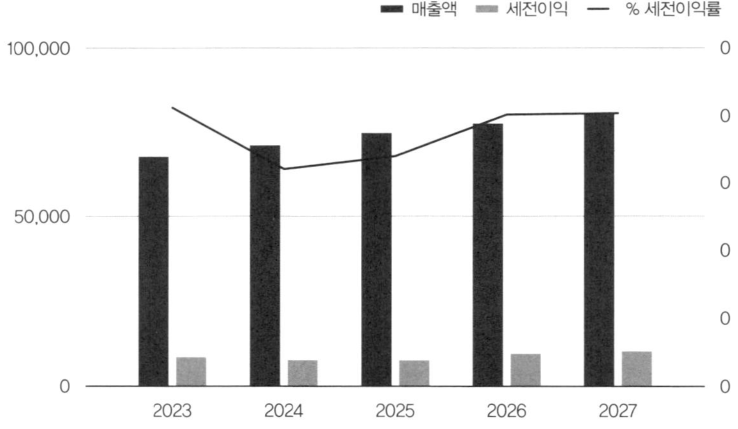


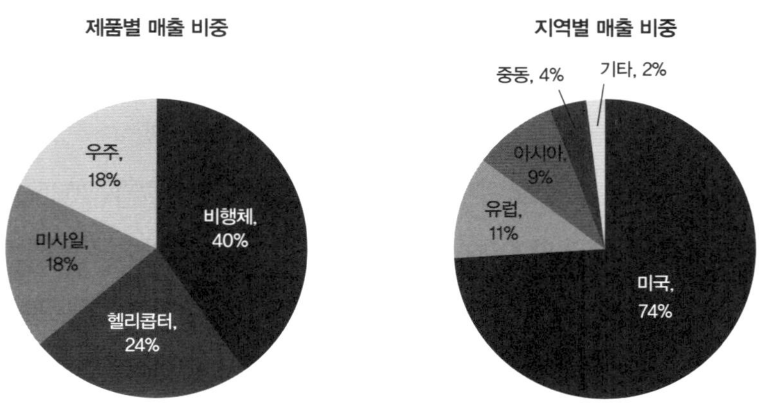

* Relative: S&P 500 Index
* 시가총액(백만 달러): 1,617,244

## ◆ 기업 개요

- RTX 코퍼레이션(이하 RTX)은 항공우주 및 방위산업 분야의 글로벌 선도 기업. 상업, 군사, 정부 고객을 대상으로 다양한 시스템과 서비스를 제공

- 1922년에 설립된 RTX는 버지니아 알링턴에 본사를 두고 있으며, 2020년 유나이티드 테크놀로지스와 레이시온의 합병으로 탄생

- 콜린스 에어로스페이스 시스템: 항공 구조물, 항공전자, 기내 인테리어 등. 보잉=에어버스 항공기의 아비오닉스 시스템, 전투기용 통합 센서, 착륙 장치 등

- 프랫 앤 휘트니: 상업·군사·비지니스 항공기용 엔진 및 보조 동력 시스템, PW1000G 기어드 터보팬 엔진(A320neo, A220), F135 엔진(F-35) 등. A320neo의 PW1000G 엔진은 시장 점

유율 50% 이상으로 안정적 매출. F135는 록히드마틴과 장기 계약

- 레이시온 인텔리전스 앤 스페이스: 센서, 훈련시스템, 사이버 및 소프트웨어 솔루션 개발. THAAD시스템의 레이더(AN/TPY-2: 미사일 방어 시스템의 핵심으로 중동·아시아 수출 증가)

- 레이시온 미사일 앤 디펜스: 공대공·지대공 미사일, 미사일 방어 시스템 등. 패트리어트 미사일 시스템 등. 우크라이나, 중동 분쟁으로 패트리어트 시스템 수주 급증. 2025년 상반기 해당 부문 매출이 전년 대비 20% 성장. 5억 달러 규모의 폴란드 공급 계약 체결 등

◆ **투자 포인트**

- 2025년 상반기 수주 잔고 190억 달러 이상으로 안정적 성장 기반 마련. 연간 배당 2.52달러로 배당 수익률 2.2%. 30개년 연속 배당 유지

- 록히드마틴 대비 주가 상승률은 강세이나, 유럽 기업들 대비 주가 상승률은 매우 부족.  상대적으로 낮은 밸류에이션 부각

- 항공과 방산의 균형적인 포트폴리오 구성. 항공 유지 보수·애프터마켓 시장으로 수익 확대 가능성

- 레이시온 부문의 경우 국제적으로 증가하는 미사일, 방공 시스템 수요에 대한 공급자로서 성장 여지가 큼

- 고성장 가능성이 열려 있는 인텔리전스 및 우주 사업

◆ **리스크**

- 관세 영향으로 인한 최근 가이던스 하향. 공급망 비용 상승으로 마진 압박. 신규 미국 세법 변화 시 추가 부담 가능성
- 매출의 60%에 해당하는 방위 부문이 지정학적 변수에 따라 실적으로 연동될 가능성이 큼. 상업용 항공우주 산업의 경기 민감성

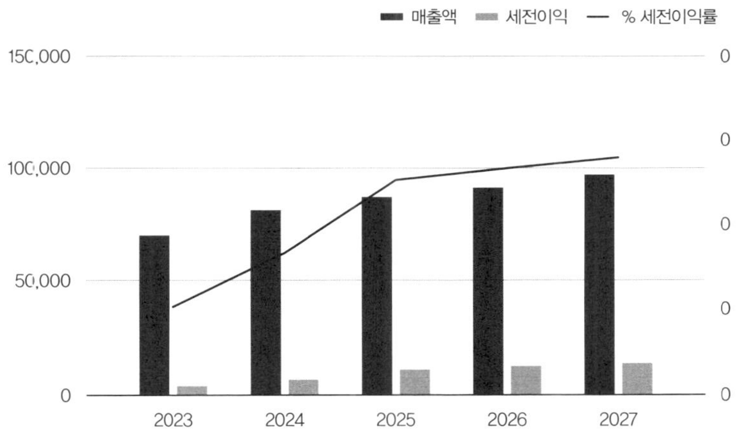


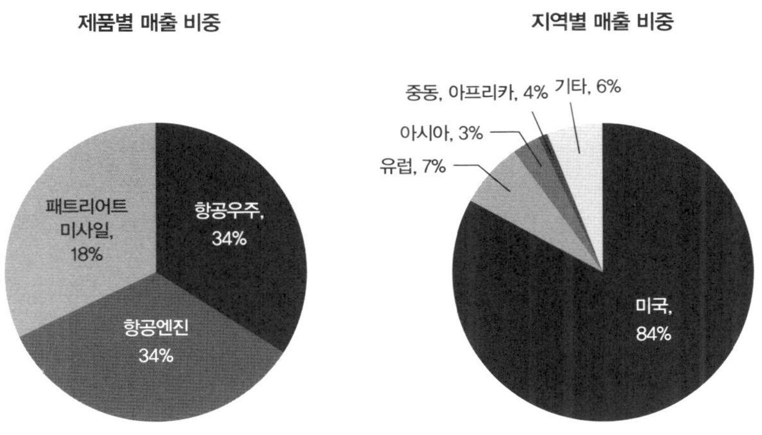

 Rheinmetall AG(RHM-DE)

* Relative: GERMANY DAX(TR)
* 시가총액(백만 달러): 95,364

◆ **기업 개요**

- 독일 뒤셀도르프에 본사를 둔 지주회사로, 1889년 하인리히 에르하르트Heinrich Ehrhardt에 의해 설립. 방위산업과 민간 산업을 위한 컴포넌트, 시스템, 서비스의 개발 및 판매를 전문으로 함. 차량 시스템, 무기 및 탄약, 전자 솔루션, 센서 및 액추에이터, 재료 및 무역 부문으로 구성

- 유럽 방산시장의 대표적인 선도 기업. 우크라이나 전쟁과 NATO 예산 확대를 배경으로 2026년에 강한 성장이 전망됨. 방산(70%)과 민간(30%) 포트폴리오의 균형으로 리스크를 분산

- 차량 시스템: 전투, 지원, 물류, 특수 차량 등 다양한 군용 차량 포트폴리오. 대표 상품으로는 레오파르트 2 전차, Panther KF51, 푸마 보병 전투 차량, 박서 장갑차 등. 러시아-우크라이나 전쟁으로 폴란드, 우크라이나에 레오파르트 2 전차 수출 확

대. 폴란드와 100억 유로 계약 체결. 2025년 현재 수주 잔고 150억 유로 이상

- 무기, 탄약: 전차, 대공포용 무기, 탄약, 120mm 주포(레오파르트 2), 155mm포탄 등. 우크라이나 지원으로 155mm 포탄수요 급증. 탄약·무기 사업부의 마진율이 20% 전후로 전체 수익성 상승의 견인 역할
- 전자 솔루션: 센서, 플랫폼, 병사 네트워킹 등. 사이버 방어 솔루션, 전자전 시스템, 드론 방어 솔루션 등
- 센서·액추에이터: 배기 가스 재순환 시스템, 스로틀 밸브, 제어 댐퍼 등. 전기차용 액추에이터가 주력 제품
- 재료 및 무역: 엔진 기본 부품의 시스템 부품 개발, 엔진 피스톤, 베어링, 자동차 부품 등

#### ◆ 투자 포인트

- 유럽 재무장의 최대 수혜 기업 중 하나. 레오파르트 2의 MBT 내 시장 점유율 30%(유럽 내 점유율은 60%) 시장 1위. 폴란드(180대), 헝가리(44대), 체코(42대) 등 유럽의 다양한 국가에 전차를 이미 수출한 경험은 향후 유럽 재무장 시 가장 큰 수혜를 받을 수 있는 근간
- 유럽 내 155mm 포탄 및 120mm 전차포탄의 수요가 폭증함에 따라 신규 증설중. 이로써 기존 생산량 대비 3배 이상의 캐파 확대

- 전차 및 포탄의 수주 급증으로 수주 잔고가 매출의 6배에 달하는 60억 유로. 향후 안정적인 실적 달성
- 10개년 연속 배당 증가. 5억 유로를 초과하는 자사주 매입 지속. 배당 성향 40% 수준으로 재무 건전성 유지
- Panther KF51의 AI·130mm 주포 개발과 민간 부문(센서·액추에이터) 성장이 방산 외 매출 확대로 이어져 미래 기술의 다각화를 꾀함


**◆ 리스크**

- 러시아-우크라이나 전쟁 종료, 나토 국방비 지출 후퇴 시 수주 감소할 우려. 매출의 70%가 방산 의존인 상황에서 수주 잔고 취소 가능성
- 러시아-우크라이나 전쟁 이후 급등한 주가에 따라 방위산업 성장에 대한 우려 등장 시 대거 차익 실현 가능성
- 록히드마틴, 현대로템 등 글로벌 경쟁으로 인한 시장 점유율 압박
- Panther KF51 양산 지연 시 투자자 신뢰 하락

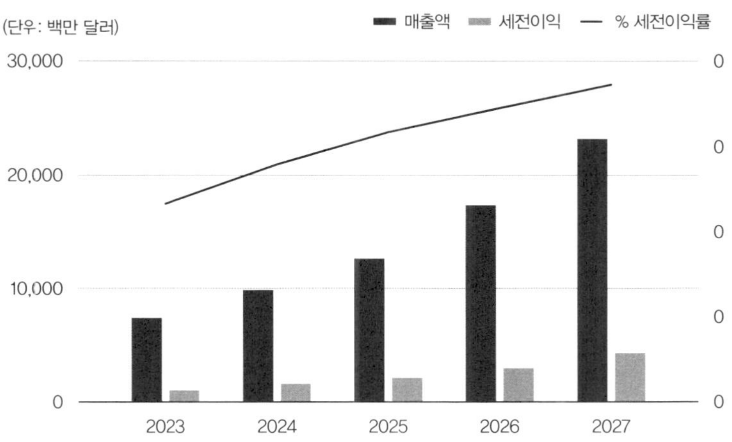

(단우: 백만 달러)
매출액   세전이익   % 세전이익률
30,000
20,000
10,000
0
2023   2024   2025   2026   2027


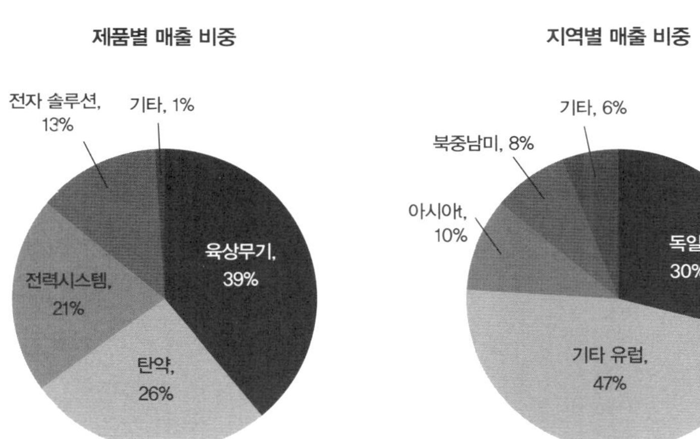

제품별 매출 비중
전자 솔루션, 13%
기타, 1%
육상무기, 39%
전력시스템, 21%
탄약, 26%
지역별 매출 비중
기타, 6%
북중남미, 8%
아시아, 10%
독일, 30%
기타 유럽, 47%

# L3Harris Technologies Inc.
(LHX-US)

* Relative: S&P 500 Index
* 시가총액(백만 달러): 56,290

## ◆ 기업 개요

- L3Harris Technologies, Inc.는 방위 및 상업 기술 분야에서 항공·육지·해양·우주·사이버 영역에 걸쳐 다양한 솔루션을 제공하는 글로벌 항공우주 및 방산기업. 1890년에 설립되었으며, 플로리다주 멜버른에 본사 위치. 2019년 L3 Technologies와 Harris Corporation의 합병으로 현재의 형태가 되었음. 2024년 매출은 약 210억 달러로 방산시장에서 록히드마틴, RTX와 경쟁하는 주요 플레이어

- 전술통신, ISR(정보·감시·정찰), 로켓 추진 분야에서 독보적인 기술력을 보유. 경쟁사 대비 육·해·공 아우르는 통합 솔루션 기업

- 4개 주요 사업 부문(우주 및 공중 시스템, 통합 임무 시스템, 통신 시스템, 에어로젯 로켓다인)으로 구성

- 우주 및 항공 시스템: 우주·공중·사이버 영역 솔루션 제공. 위

성용 페이로드, 무인항공기 센서, 전자전 장비 등. 2025년 우주군 예산의 300억 달러 증가로 위성 및 ISR 시스템 수주 급증 중. NASA, NOAA, 스페이스 X가 주요 고객

- 통합 미션 시스템: 육·해·공에서 차별화된 임무 능력 제공. 항공기 현대화, 해상레이더 등. P-8 포세이돈 해상초계기 센서 등
- 통신 시스템: 전장 통신 및 네트워크 시스템, 우크라이나·중동 분쟁으로 전술 무선 및 암호화 통신 수주 증가세. 고마진 사업
- 에어로젯 로켓 다인: 미 국방부, NASA 등을 위한 추진 시스템. 우주 발사체 및 패트리어트 등의 미사일 추진 시스템

#### ◆ 투자 포인트

- 에어로젯 로켓 다인 인수 효과로 통신·전자전 중심 사업에서 추진체·무기 체계의 물리적 전력 요소까지 추가. 방산 밸류체인의 상단과 하단을 모두 아우르는 종합 방산기업으로의 진화
- 록히드마틴과 RTX 대비 의사결정 속도가 빠르고, R&D 효율성이 높아 혁신형 방산기업으로 평가받는 중
- 강력한 방위 수주 성장: 2025년 상반기 기준 수주 잔고가 80억 달러 돌파. 지정학적 긴장으로 전술 무선 및 미사일 추진 시스템 증가
- 안정적 배당 및 주주환원: 15개년 연속으로 배당 증가 추세. 배당 성향 25%로 재무 안정성 유지. 장기투자자들의 선호 현상이 뚜렷

◆ **리스크**

- 매출의 약 70% 이상이 미 연방정부·국방부에서 발생. 예산 삭
  감이나 프로젝트 연기 시 단기 실적 타격 가능
- 2023년 인수한 Aerojet Rocketdyne의 조직·공급망·원가 관
  리 통합 과정에서 생산 효율화가 지연될 우려

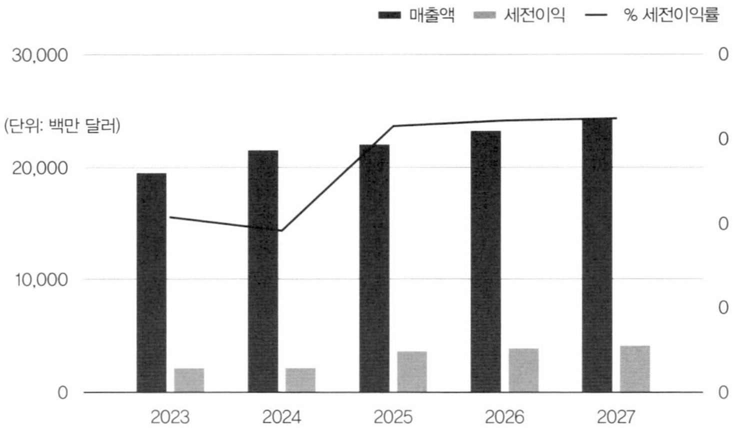


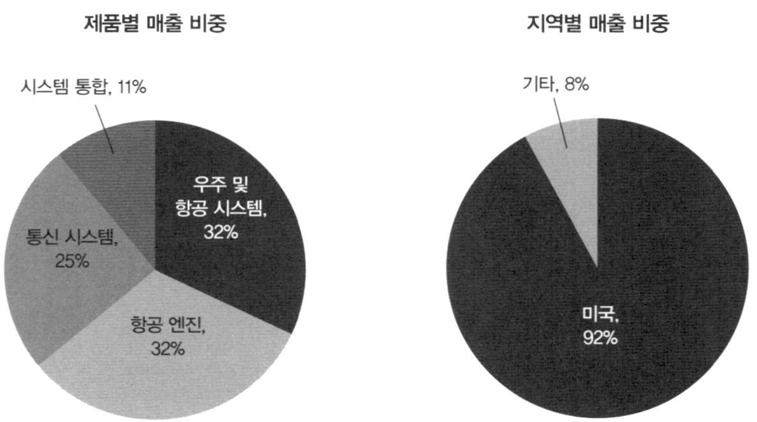

# Global X Defense Tech ETF

## (SHLD US EQUITY)

| ETF 이름 | Global X Defense Tech ETF |
|---|---|
| 티커 | SHLD US EQUITY |
| 운용사 | Global X Management Company LLC |
| 펀드 분류 | Global / Sector / Thematic |
| 최초 상장일 | 2023-09-13 |
| 시가총액 | USD 5.05 Billion |
| 총 보수 | 0.500% |
| 리밸런싱 주기 | 연 2회 |

Global X Defense Tech ETF는 국방 기술의 채택 및 활용 증가로 이익을 얻을 수 있는 기업들에 투자한다. 여기에는 다음과 같은 분야의 기업들이 포함된다.

- 사이버 보안: 국방 시스템의 해킹 방지를 위한 보안 프로토콜을 개발하는 기업

- 인공지능 및 빅데이터: AI 기술과 빅데이터를 활용하는 기업.

- 첨단 군사 시스템 및 하드웨어: 로봇, 센서, AI 칩, 고성능 처리 및 네트워킹 솔루션 등 국방 응용 분야를 위한 군사 시스템 및 하드웨어를 구축하는 기업

이 ETF는 현대 국방의 핵심이 전통적인 무기 체계에서 정보·데이터·네트워크 중심의 기술로 이동하고 있다는 구조적 변화를 반영한다.

전통적인 군수 기업 외에도 첨단 부품·하드웨어 공급업체, 방위 전용 소프트웨어 개발업체 등 신흥 방위 기술 잠재력을 가진 기업들의 비중이 높다. 이를 통해 단기적인 무기 발주 사이클보다는 디지털 전환과 기술 고도화에 따른 중장기 국방 기술 성장 국면에 참여하는 구조를 갖춘 ETF로 평가된다.

이 ETF는 미국뿐 아니라 유럽(독일, 영국, 이탈리아 등) 및 아시아 국가의 방산 기술 기업들에도 투자해 지정학적 분산 효과를 높이려고 한다. 이는 특정 국가의 국방 예산 변화나 정책 리스크에 대한 의존도를 낮추는 동시에, 글로벌 방위 기술 수요 증가라는 장기 흐름에 폭넓게 대응하기 위한 전략이다.

결론적으로 Global X Defense Tech ETF는 단순한 안보 이슈에 따른 단기 테마주를 넘어, '안보의 디지털화'라는 거대한 패러다임 변화에 올라타는 전략적 수단이다.

전 세계적으로 국방 예산 내 소프트웨어 및 첨단 부품 비중이 급격히 확대됨에 따라, 본 ETF는 전통 방산주와 빅테크의 교집합에

위치한 차세대 핵심 기업들을 선점해 자산의 장기적인 성장 동력을
확보하려는 투자자에게 매력적인 선택지가 될 것이다.

### ◆ 투자비중 Top 10 기업

| 회사명 | 티커 | 비중 |
| --- | --- | --- |
| Palantir Technologies | PLTR US | 8.86% |
| Rheinmetall AG | RHM GR | 8.05% |
| RTX Corp. | RTX US | 7.55% |
| BAE Systems PLC | BA- LN | 7.21% |
| Lockheed Martin Corp. | LMT US | 7.02% |
| L3Harris Technologies | LHX US | 4.56% |
| Northrop Grumman Corp. | NOC US | 4.55% |
| General Dynamics Corp. | GD US | 4.55% |
| Leonardo SpA | LDO IM | 4.40% |
| Leidos Holdings Inc. | LDOS US | 4.39% |

### ◆ 섹터별 투자비중

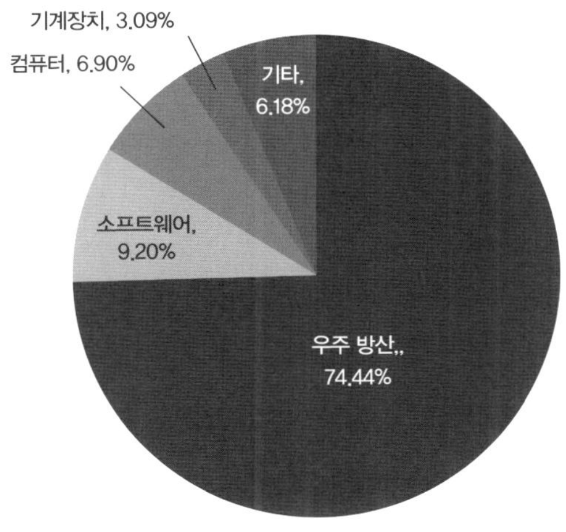

- 인공지능 대변혁의 시대가 마침내 도래했다
- AI 시대 도래의 기술적 기반: 데이터 + 클라우드 + GPU
- 인공지능 생태계의 구성 요소는 무엇인가?
- 인공지능 생태계의 변화 양상과 발전 방향을 알자
- 산업의 발전 양상에 맞춘 포트폴리오 변화가 필요하다

# 6

## 주식시장을
## 강력하게 이끌
## 주도주,

# 인공지능(AI)

# 인공지능 대변혁의 시대가 마침내 도래했다

챗지피티의 공개를 통해 인공지능 산업은 완전히 새로운 국면으로 전개되고 있다. 인공지능 생태계를 대표하는 기업들의 실적과 주가는 이미 어마어마한 성장을 이루었지만, 인공지능 산업은 여전히 성장의 초기 국면이다.

## 산업혁명과 정보혁명에 이은 인공지능 혁명

인류는 현재 18세기 산업혁명이나 20세기 정보혁명에 견줄 만한 근본적인 변화의 기점에 서 있으며, 이 변화의 중심에는 인공지능(AI, Artificial Intelligence)이 있다. 과거에는 복잡한 연구실의 영역으로 여겨졌던 인공지능이 이제는 이메일 초안 작성, 이미지 생성, 심지어 코딩까지 돕는 일상의 도구로 자리매김했다.

인공지능이라는 개념은 사실 전혀 새로운 것이 아니며, 학술적 연구는 이미 오래전부터 계속되어왔다. 특히 데이터를 주로 다루는 통

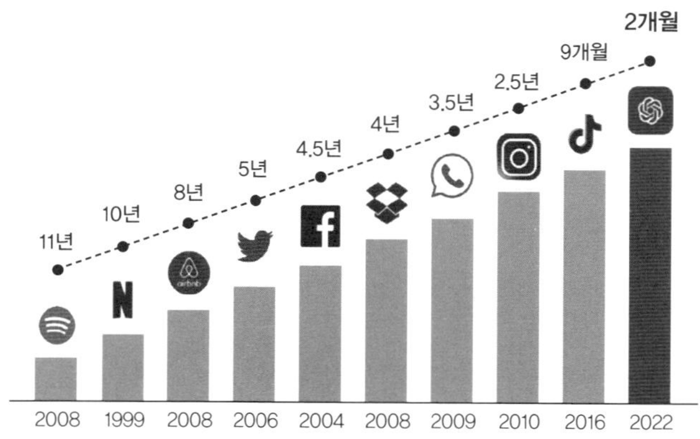


출처: World of Statistics

계학과 같은 학문에서는 머신러닝, 딥러닝 등의 추론 모델이 계속해서 연구되어왔다.

연구실에서만 존재하던 인공지능을 일반 대중에게 널리 알리고 일상 생활에서 접하며 확산시키게 만든 것은 '생성형 인공지능Generative AI'이라는 기술이었다. 2022년 11월 오픈에이아이OpenAI 사는 대화형 인공지능 서비스인 챗지피티ChatGPT를 출시하며 대형 언어 모델LLM 기반의 생성형 인공지능의 붐을 일으켰다. 해당 애플리케이션은 약 2개월 만에 사용자 1억 명을 확보하며 역사상 가장 빠르게 성장한 소프트웨어 애플리케이션으로 자리매김하며 대중의 선풍적인 관심과 인기를 독차지했다.

챗지피티의 출시와 성공 이후에 제미나이Gemini, 클로드Claude, 라마<sup>Llama</sup>, 그록<sup>Grok</sup> 등 다양한 생성형 인공지능 서비스들이 출시되었고, 이런 생성형 인공지능 모델들을 활용한 애플리케이션과 서비스들이 출시되면서 본격적인 인공지능의 시대가 개화하고 있다.

이번 장에서는 인공지능의 시대가 도래할 수 있었던 기술적인 배경, 인공지능의 생태계와 발전 단계, 하드웨어와 인프라 중심으로 성장해온 인공지능 산업이 앞으로 어떤 산업과 기업들을 중심축으로 성장할 것인지 등에 대해 이야기해본다.

# AI 시대 도래의 기술적 기반
# : 데이터+클라우드+GPU

우리가 사용하는 인공지능 애플리케이션들은 기존의 소프트웨어와 작동 원리 측면에서 어떤 차이가 있는지를 먼저 살펴보면, 인공지능 시대가 도래하기 위해 어떤 기술적 기반이 먼저 갖추어져야 하는지를 알 수 있다.

## 스스로 규칙을 찾는 방식으로 진화

기존 방식의 소프트웨어는 개발자가 미리 정해둔 규칙대로 연산하고 반응한다. 이를 위해 개발자는 모든 논리(if-else, for-loop 등)를 명시적으로 코딩한다. 예를 들어 스팸을 분류하는 프로그램을 만들 때 "제목에 '광고' '당첨'이라는 단어가 있으면 스팸으로 분류하라"와 같이 구체적인 규칙을 입력하는 방식이다. 개발자가 스팸메일에 자주 사용되는 새로운 단어를 발견하면 판올림을 통해 새로운 필터링 조건을 추가하는 방식으로 개발이 진행되어왔다.

AI 소프트웨어는 개발자가 직접 규칙을 만들고 코딩하는 대신, 데이터와 정답을 함께 제공하고 인공지능이 학습을 하도록 돕는다. (문제와 정답을 같이 제공해주고 그 안에서 스스로 규칙을 찾게 하는 방식을 '지도학습'이라고 한다.) 수많은 스팸메일과 정상메일 데이터를 제공받은 인공지능은 스스로 학습하는 과정을 통해 스팸메일일 가능성이 높은 패턴을 찾아낸다. 예를 들어 특정 단어가 포함된 경우, 특정 이메일 주소에서 발신된 경우, 혹은 문장의 구조 특성 등 사람이 쉽게 찾기 어려운 복잡한 패턴들을 찾아내어 메일을 분류하는 방식이다.

이러한 '학습'에 기반한 컴퓨팅이 확산되기 위해서는 1) 학습의 정확성을 높이기 위해 더 많은 데이터가 필요하고, 2) 더 많은 데이터를 빠르게 처리하기 위해 병렬 연산에 특화된 더 뛰어난 GPU가 개발되어야 하며, 3) 학습에 필요한 대규모 자원을 공유할 수 있는 클라우드 생태계가 잘 조성되어야 한다.


## '데이터'는 AI의 연료


AI는 학습을 통해 똑똑해지며 이 학습에는 방대한 양의 데이터가 필수적으로 필요하다. 챗지피티와 같은 대형 언어 모델을 만들기 위해서는 수없이 많은 사람들의 대화, 연설문, 작문 등의 언어 데이터가 필요하다. 인공지능을 통한 자율주행 소프트웨어를 만들기 위해서는 수없이 많은 차량과 운전자들의 운행, 사고, 운전법규 등에 대한 데이터가 필수적이다.

2000년대 이후 PC, 인터넷과 스마트폰의 확산으로 숫자로 이루어진 정형 데이터뿐만 아니라 텍스트, 이미지, 음성, 영상 등의 비정형 데이터까지 인공지능이 학습에 활용할 수 있는 데이터가 폭발적으로 증가했다. 이러한 다양하고 풍성한 데이터들이 학습에 활용되기 위해 분류·처리·저장되고 연결되기 시작한 것이 인공지능 시대의 첫번째 기틀이 되었다.

## 'GPU의 진화'는 AI 학습을 위한 엔진

인공지능 학습을 위해 막대한 양의 데이터가 필요하다는 것은 엄청나게 많은 양의 연산, 컴퓨팅 파워가 필요하다는 의미이기도 하다. 복잡한 인공지능 모델을 학습시키고 서비스에 적용하기 위해 인공지능 가속기[AI Accelerator]라고 불리는 칩들이 개발되었는데, 이 가속기들은 그동안 연산을 맡아온 중앙처리장치[CPU, Central Processing Unit]가 아닌 그래픽 처리를 담당하던 그래픽처리장치[GPU, Graphic Processing Unit]에 기반하고 있다.

GPU가 본래 화면의 그래픽을 빠르게 처리하기 위해 개발되었지만, 수많은 연산의 병렬 처리가 가능해 인공지능의 학습속도 향상에 최적화된 장치로 활용되기 때문이다. 엔비디아[NVIDIA] 같은 기업들이 GPU 성능을 향상시키며 AI 발전의 결정적인 '엔진' 역할을 했다.

## '클라우드 컴퓨팅의 발전'은 AI의 핵심 인프라

수십억 개의 데이터를 처리하고 복잡한 계산을 수행하려면 엄청난 규모의 컴퓨터 인프라가 필요하다. 인공지능 관련 기업들이 각자가 필요로 하는 연산 능력만큼의 IT 인프라를 구축하려면 어마어마한 자본력이 필요하고, 이는 산업의 발전속도를 저해하는 진입장벽으로 존재해왔다.

클라우드 컴퓨팅Cloud computing은 대규모 컴퓨터 자원을 인터넷을 통해 빌려 쓰는 서비스를 의미한다. 아마존AWS, 마이크로소프트Azure, 구글GCP과 같은 하이퍼스케일러Hyperscalers 기업들이 수만~수십만 개의 GPU를 연결한 대규모의 데이터센터를 구축하고, 이 클라우드 컴퓨팅 인프라를 저렴하고 편리하게 제공하기 시작하면서 다양한 인공지능 관련 스타트업들이 초기 자본 부담 없이 기술 개발에 집중할 수 있는 '인프라스트럭처'가 마련되었다.

# 인공지능 생태계의 구성 요소는 무엇인가?

물리적으로 학습과 추론을 수행하는 하드웨어, 하드웨어들을 연결하는 인프라 스트럭처, 인공지능의 두뇌 역할을 하는 파운데이션 모델, 사용자에게 학습과 추론의 결과물을 전달해 가치를 창출하는 애플리케이션으로 크게 나눌 수 있다.

## 하드웨어: 학습과 추론이 인공지능의 핵심 연산

인공지능 하드웨어 생태계는 인공지능 모델의 학습$^{Training}$과 추론 $^{Inference}$에 최적화되어 발전하고 있다. 가장 핵심적인 요소는 인공지능 모델의 연산을 돕는 가속기다. 가속기는 범용의 GPU에서 시작되어 점차 최적화된 맞춤형 가속기의 형태로 발전하고 있으며, 최근에는 인공지능 모델과 서비스의 최적화된 운영을 위해 소비자가 휴대하는 스마트폰이나 PC, IoT 기기에 소형 가속기인 NPU를 탑재해 추론에 활용함으로써 리소스와 전력을 아끼는 방향으로 발전하고 있다.

| 명칭 | 주요 특징 | 역할 및 용도 |
| --- | --- | --- |
| GPU | 수천 개의 연산 유닛(ALU)을 통한 대규모 병렬 처리에 최적화 | AI 모델 학습(Training)의 표준. 범용성이 높아 다양한 병렬 연산에 사용<br>(예: NVIDIA G200/H100) |
| TPU | 구글이 AI 프레임워크인 텐서플로우(TensorFlow)에 맞춰 개발한 AI 가속기 | 주로 구글 클라우드 환경에서 AI 모델 학습 및 추론 가속에 사용<br>(예: Google Cloud TPU) |
| NPU | 인간의 신경망 구조를 모방해서 AI 연산에 특화되도록 설계된 전용 칩 | 엣지 디바이스에서의 추론에 주로 사용 저전력으로 효율적인 연산이 가능<br>(예: Apple Neural Engine, 삼성 Exynos NPU) |

## 인프라스트럭처: 클라우드 환경의 구축이 선행 조건

인공지능 모델을 훈련시키는 과정은 최소 몇 주에서 몇 달이 걸리는 대규모 작업이다. 이 작업을 위해서는 앞서 언급한 바와 같이 어마어마하게 많은 양의 컴퓨팅 리소스가 필요하다. 그러나 인공지능 생태계에 진입해 새로운 모델과 서비스를 개발하는 많은 스타트업들은 자체적으로 필요한 컴퓨팅 리소스를 확보할 만한 자본력이 없다.

게다가 사전학습의 단계를 마치고 실제 모델을 사용해 여러가지 작업과 추론을 하는 단계에서는 사용량에 따라 컴퓨팅 파워가 더 적게 필요한 경우가 대부분이다. 그렇기 때문에 학습을 위한 데이터센터를 직접 기업이 구축하는 것은 자원의 활용 측면에서도 매우 비효율적이기도 하다.

그래서 기업들은 직접 데이터센터를 구축하는 대신 아마존, 마이크로소프트, 구글과 같은 하이퍼스케일러가 구축해둔 데이터센터를 사용해 그들의 클라우드 컴퓨팅 자원을 빌려 사용한다.

데이터센터는 본격적인 인공지능의 시대가 도래하기 이전부터 다양한 산업에서 활용되어오고 있지만, 인공지능 학습용 수요가 폭발적으로 증가하면서 국가별로 기술 선도 경쟁을 위해 경쟁적인 투자가 이루어지고 있다.

## 파운데이션 모델: 인공지능의 초석이 되는 모델

파운데이션 모델Foundation Model은 명칭 그대로처럼 인공지능 생태계의 가장 기본이자 초석이 되는 모델이다. 파운데이션 모델이란 2021년 스탠포드대학교의 인간 중심 인공지능 연구소Stanford Institute of Human-centered Artificial Intelligence에서 처음 사용한 개념으로, 방대한 양의 데이터로 학습되어 다양한 하위 작업Downstream task에 적용하거나 미세 조정Fine-tuning 할 수 있도록 사전 학습된 대형 인공지능 모델을 의미한다.

파운데이션 모델은 어떠한 데이터를 주로 학습하고 처리해 결과물을 생성하느냐에 따라 '언어 모델, 이미지 모델, 음성 모델' 등으로 분류하기도 한다. 처음에는 대형 언어 모델LLM, Large Language Model 기반의 대화 생성형 모델이 주를 이루었지만, 이후로 다양한 음성, 이

**파운데이션 모델의 주요 특징**

| 특징 | 설명 |
| --- | --- |
| 대규모 사전 학습 | 텍스트, 이미지, 코드 등 다양한 형태의 엄청난 양의 데이터를 활용해 학습된다. |
| 범용성 및 적응성 | 특정 작업을 위해 설계된 기존 AI 모델과 달리, 학습된 지식을 활용해 광범위한 작업에 유연하게 적용하거나 미세 조정할 수 있다.<br>예를 들어, 언어 모델은 텍스트 생성, 번역, 질문 응답 등 여러 언어 작업의 기초가 된다. |
| 전이 학습 기반<br>(Transfer Learning) | 한 작업에서 얻은 지식(사전 학습된 모델의 가중치)을 다른 관련 작업의 성능 향상에 활용한다. 이를 통해 새로운 애플리케이션을 개발할 때 필요한 데이터와 리소스를 크게 줄일 수 있다. |
| 창발적 능력<br>(Emergent Abilities) | 모델의 규모가 커지고 데이터 양이 증가함에 따라 학습 시에는 의도하지 않았던 새로운 능력이 나타나기도 한다. |

출처 : Stanford HAI

미지, 영상 모델들이 등장했고, 최근에는 텍스트·이미지·영상 등 여러 형태의 데이터를 동시에 이해하고 생성할 수 있는 멀티모달 AI$^{Multimodal\ AI}$로 발전하고 있다.


## 애플리케이션& 서비스: 최종의 가치를 전달

이 계층은 최종 사용자에게 특정한 작업을 해결해주는 도구나 프로그램, 서비스 등을 의미한다. 하드웨어, 인프라, 파운데이션 모델 모든 것들을 기반으로 최종 사용자와 기업에 가치를 전달하는 최전선이라고 표현할 수 있다.

파운데이션 모델을 활용해 구체적인 애플리케이션이나 서비스

Applications & Services를 만드는 과정은 단순히 모델을 가져다 쓰는 것을 넘어 모델의 잠재력을 특정 목표에 맞게 최적화하는 과정이다.

최적화에 가장 대표적인 방법은 파인튜닝Fine-Tuning이다. 범용으로 제작된 파운데이션 모델을 특정 작업이나 데이터셋에 최적화되도록 추가로 학습시키는 과정을 의미하며, 모델의 가중치를 미세 조정해 원하는 분야에서 최적화된 성능을 이끌어내는 방법이다. 의료기록 분석, 법률 문서 초안 작성 등의 특정 분야에 특화된 애플리케이션을 만들거나 기업에서 고객 응대 챗봇 등을 만드는 등 특정 영역에서 특화된 정확성과 전문성이 요구될 때 사용된다.

파운데이션 모델은 사전 학습된 모델이기 때문에 훈련이 시행된 시점까지의 정보와 데이터만 갖고 있다. 따라서 최신 정보나 특정 기업의 내부 문서, 데이터베이스에 적재된 내용은 알 수 없으며, 이렇게 학습하지 못한 데이터에 대해서는 부정확하거나 지어낸 답변을 생성할 위험이 있다(이런 특성을 '환각'이라고 한다).

이를 보완하기 위한 기법이 검색 증강 생성RAG, Retrieval-Augmented Generation이다. RAG는 대형 언어 모델LLM이 답변을 생성하기 전에 외부 지식 저장소에서 관련 정보를 검색해, 그 정보를 바탕으로 답변의 정확성과 신뢰성을 높이는 기법이다. 사용자의 질문을 분석해 기업 내부 문서, 웹 페이지, 데이터베이스 등 외부 지식 저장소Knowledge Base에서 질문에 가장 적합한 문서를 찾아내고, 구체적인 사실과 출처를 기반으로 답변을 생성하도록 유도해 환각 현상을 비약적으로 줄일 수 있다.

**파인튜닝 vs 검색 증강 생성**

| 특징 | 파인튜닝(Fine-Tuning) | RAG(검색 증강 생성) |
|---|---|---|
| 비용 및 시간 | 높음<br>(모델 전체를 추가 학습) | 상대적으로 낮음<br>(새로운 데이터를 DB에 저장) |
| 데이터 업데이트 | 모델을 재학습해야 함<br>(느림) | 지식 저장소 업데이트만으로 충분<br>(빠름) |
| 정보의 출처 | 내부 가중치에 녹아 있어 불분명 | 검색된 문서를 명확하게 제시 가능 |

파운데이션 모델을 특정한 작업, 산업 등에 최적화한 수없이 많은 애플리케이션과 서비스들이 출시되어 일상부터 전문 업무에서까지 활용되고 있다.

특히 기업 내부에서 활용되는 B2B 애플리케이션뿐만 아니라 개인이 일상 생활에서 사용할 수 있는 많은 개인용 B2C 애플리케이션과 서비스가 점점 증가하고 있다. 이 때문에 일반 대중들도 인공지능의 발전과 확산 속도를 쉽게 체감하게 되었다.

애플리케이션과 서비스는 그 기능과 목적에 따라 몇 가지 주요 그룹으로 나눌 수 있다.

### 그룹 1. 생산성 및 업무 자동화

개인 사용자 입장에서 인공지능을 가장 직관적으로 활용한다는 것을 체감할 수 있는 애플리케이션 그룹이라고 할 수 있다. 이전에 사용하던 키워드 중심의 검색을 일상의 자연어와 문장을 통한 대화 형식으로 수행함으로써 문맥과 의도에 맞추어진 효율적인 검색을 한다거나 매끄럽고 자연스러운 번역과 문장 생성 등을 통해 이메일 작성, 슬라이드를 생성하는 등 일상 업무를 자동화하고 효율을 극대화시키는 종류의 애플리케이션·서비스를 의미한다.

- 문서 생성 및 편집:
  - ChatGPT: 질의응답, 요약, 이메일 초안 작성 등 범용적인 자연어 기반 텍스트 생성.
  - MS Copilot: MS Office365 환경에 통합되어 이메일 작성, 슬라이드 생성, 데이터 분석 등을 지원.

- 코드 생성 및 개발:
  - GitHub Copilot : 개발자의 코드 자동 완성, 주석 기반 코드 생성 지원.
  - Cursor AI : 코드 자동 완성, 대화 기반으로 코드 자동 생성 등

일상 업무의 효율화나 자동화를 해주는 것뿐만 아니라 전문 지식이 필요했던 코딩이나 혹은 애플리케이션의 기능에 대한 이해와 노하우가 필요했던 슬라이드 제작 등의 업무를 자연어를 이용해 설명하고, 의도를 잘 전달하는 것만으로 비전문가도 전문가의 영역의 업무를 수행할 수 있게 되었다는 점에서 큰 의미가 있다고 할 수 있다.

**그룹 2. 창작 및 콘텐츠 생성**

생성형 인공지능을 기반으로 사용자가 입력한 텍스트를 이미지 혹은 동영상과 같은 콘텐츠의 형식으로 만들어주는 애플리케이션, 서비스다. 사용자가 텍스트 형태의 명령어를 입력하면, AI 모델이 텍스트를 해석해 미리 학습된 방대한 데이터 속에서 패턴을 조합함으로써 해당 명령에 가장 적합한 이미지나 동영상을 생성한다.

- 이미지 및 예술:
  - Midjourney/ Dall-E/ Stable Diffusion: 텍스트 프롬프트만으로 고유한 이미지를 생성.

- 동영상 및 오디오:
  - Sora/ Runway: 텍스트를 고화질 동영상으로 변환.
  - Eleven Labs: 텍스트를 자연스럽고 다양한 목소리의 오디오로 생성.

이러한 애플리케이션은 단순히 '신기한 그림도구'를 넘어 텍스트만으로 아이디어를 시각화, 콘텐츠 창작의 진입 장벽 제거, 콘텐츠 제작의 비용 및 시간 절약 등의 장점과 가치가 있다. 하지만 딥페이크[Deepfake] 범죄에 악용될 소지가 큰 점, 저작권 침해의 소지가 불분명한 점 등의 사회적 문제가 대두되고 있다.

## 그룹 3. 전문 도메인 특화

앞선 애플리케이션·서비스들이 일반 대중을 대상으로 범용의 서비스를 제공하는 것과 다르게 특정 산업이나 기업 혹은 해당 기업의 고객에게 특화된 서비스를 제공한다. 특정 전문 영역의 데이터만을 학습해 아주 세분화된 특정 업무 수행을 지원하거나, 특정 기업의 내부 데이터를 학습해 고객의 서비스 응대를 도와주는 등의 전문화된 서비스를 제공한다는 특징이 있다.

- 고객 서비스 챗봇:
  - Naver Clova 기반 챗봇 솔루션: 국내 기업 환경에 특화된 고객 응대 및 지식 기반 질의응답 시스템.

- 헬스케어 및 과학:
  - Alpha Fold(by Google DeepMind): 단백질 구조를 예측해 신약 개발을 돕는 연구 서비스.
  - Gotham(by Palantir Technologies): 미국 중앙정보국[CIA], 국방부 등 정부 기관을 위한 플랫폼으로, 보안 및 정보 분석에 특화

대부분의 전문·특화 애플리케이션에서는 환각[Hallucination] 문제를 회피하는 것이 아주 중요한 가치다. 이 때문에 많은 수의 파라미터로 대규모 학습을 진행하지 않고, 출처가 확실하고 신뢰할 수 있는 소스만을 학습하거나 기업 내부의 데이터만을 학습해서 사용자에게

서비스를 제공하는 특징이 있다. 이는 인공지능 모델의 신뢰성을 극도로 강화할 수 있는 방법이지만, 대답 가능한 질문의 범위가 좁아진다는 단점이 있다.

예를 들어 미래에셋자산운용의 챗봇 서비스에서는 다양한 TIGER ETF에 대한 설명과 특징, 보유 종목 등을 제공하지만 데이터의 부재로 인해 경쟁사인 KODEX, SOL의 ETF 상품들과의 비교 등은 제공하지 않는 식이다.

# 인공지능 생태계의 변화 양상과 발전 방향을 알자

앞으로도 더 나은 파운데이션 모델을 위한 패권 경쟁은 지속되긴 하겠지만, 점차 모델들의 성능은 상향 평준화되어갈 것이고, 앞으로 인공지능의 확산 과정에서 경쟁과 발전의 양상은 지금과는 다른 형태로 진행될 것으로 예상된다.

## 범용 AI 가속기[GPU] vs 맞춤형 반도체[ASIC]

인공지능 모델의 성능과 효율성은 근본적으로 이를 구동하는 AI 가속기에 달려 있다고 해도 과언이 아니다. 이 시장은 현재 엔비디아[Nvidia]의 범용 GPU[Graphics Processing Unit]와 브로드컴[Broadcom]의 맞춤형 반도체[ASIC, Application-Specific Integrated Circuit]의 경쟁이 대표적이다.

지금까지의 인공지능 생태계는 '파운데이션 패권 경쟁의 시대'였다고 표현할 수 있다. 인공지능 스타트업들과 빅테크 기업들은 더 나은 파운데이션 모델을 구축하기 위한 경쟁에 집중했고, 이를 위해 대규모의 학습을 위한 연산 수요가 폭발적으로 성장했다. 모든 종류의 인공지능 모델과 워크로드에서 유연한 대응이 가능하고, 방대한 연산량과 병렬 처리 능력을 장점으로 하는 GPU는 특히 대규모 인공지능 모델 학습 단계에서는 타의 추종을 불허하는 필수 요소로 자리매김해왔다.

그러나 GPU에도 분명한 단점과 한계점이 존재한다. 우선 인공지능 연산이 아닌 그래픽 처리를 위해 개발된 칩이기 때문에 불필요한 그래픽 기능으로 인해 특정 작업 시 전력 소모와 발열이 높다는 단점이 있다. 또한 높은 가격으로 인해 데이터센터 구축 시 초기 비용과 유지비용이 많이 들어간다.

모든 산업의 확산을 위해서는 가격의 하락이 선행되어야 한다. 이를 위해 최근 들어 주목받고 있는 것이 브로드컴의 맞춤형 반도체 ASIC다.

특정 고객의 AI 워크로드에 맞추어 설계되는 맞춤형 반도체인 ASIC의 경우, GPU 대비 높은 전력 효율과 즉각적인 반응성에서 높은 장점이 있다. 설계와 제작에 초기 비용과 시간이 많이 들어가기 때문에 산업 초기에는 적극적으로 도입되지 못했지만, 최근 들어 많은 빅테크 기업들이 자체 칩 도입을 통해 데이터센터 운영비용을 낮추어 인공지능 모델의 추론 비용을 획기적으로 낮추기 위해 지속적으로 시도하고 있다.

추론 비용의 하락은 많은 애플리케이션·서비스 기업들에는 비용 하락으로 이어지고, 이는 생태계가 더욱 풍성하게 발전할 수 있는

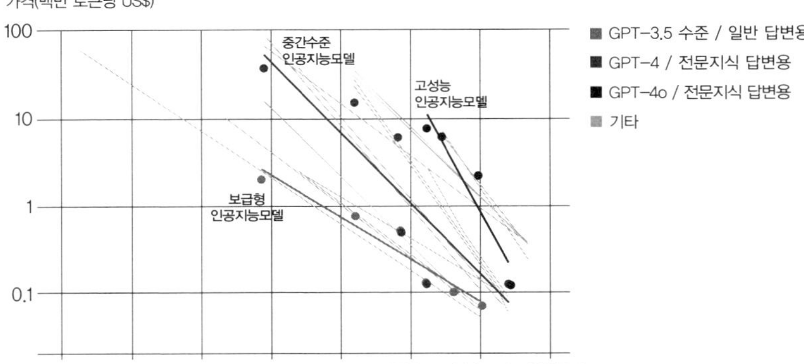

토대가 된다. 서비스 배포 및 운영(추론) 단계에서 성능 대비 비용 효율을 극대화함으로써 인공지능 서비스 상업화의 엔진 역할을 한다고 평가할 수 있다.

GPU와 ASIC는 생태계에서의 경쟁자가 아니라 인공지능의 확산을 위한 공존자로의 역할을 해나갈 것으로 판단된다. 먼저 인공지능 학습 시장에서는 지금과 같은 GPU의 압도적 지배력이 유지될 것이다. 새로운 파운데이션 모델의 개발 속도가 빨라질수록 범용성과 연산 성능을 가진 GPU에 대한 수요는 계속될 것이기 때문이다. 반면 추론 시장에서는 ASIC의 역할이 폭발적으로 증가할 것이다. 서비스가 상업화 단계에 접어들면 비용과 전력 효율성이 중요해지므로, 맞춤형 ASIC를 채택하는 하이퍼스케일러는 계속 증가할 것으로 예상된다.

결론적으로 엔비디아는 AI 혁신의 최첨단에서 기술적 진보를 이끌고, 브로드컴은 AI 서비스를 대규모로 효율화하고 상업적 안정성을 제공하며 시장의 성장을 양분할 것이다. 두 기업 모두 AI 시대를 이끄는 핵심 동력이 될 것으로 예상된다.

## 멀티모달리티

인공지능은 오랫동안 텍스트, 이미지, 음성 등 단일 감각 정보만을 처리하는 단일 모달<sup>Uni-modal</sup> 영역에 머물러 있었다. 그러나 현재 AI 연구의 최전선은 인간처럼 여러 감각 정보를 통합적으로 이해하고 반응하는 '멀티모달 AI<sup>Multimodal AI</sup>'로 빠르게 이동하고 있다. 멀티모달 AI는 미래 소프트웨어의 지능과 활용 가치를 완전히 새로운 차원으로 끌어올릴 핵심 기술로 평가받고 있다.

멀티모달 AI란 2가지 이상의 서로 다른 데이터 형식(모달리티, Modality)을 동시에 입력받아 처리하고 그 관계를 이해해 출력할 수 있는 인공지능을 의미한다. 예를 들어 텍스트와 이미지를 동시에 이해하고 그 정보를 바탕으로 새로운 텍스트, 이미지, 혹은 음성을 생성할 수 있다. 멀티모달 AI는 단일 모달 AI가 해결할 수 없었던 근본적인 한계를 극복하며 다음과 같은 가치를 창출한다.

먼저, 인공지능 모델의 '맥락적 이해'를 심화시킬 수 있다. "이 사진을 보고 레시피를 만들어줘"라는 요청을 생각해보자. 텍스트 기반의 단일 모달리티 인공지능 모델은 레시피를 만들 수 있지만 사진의 구체적인 재료, 상황을 이해할 수 없다. 반면 멀티모달 AI는 사진(시각) 속 재료의 종류, 양, 상태를 파악하고 텍스트(언어)로 요구된 '레시피'라는 목표를 결합해 정확하고 구체적인 지시를 생성할 수 있다.

다음으로는, 모델의 견고성Robustness을 향상시킬 수 있다. 한 가지 모달리티의 정보가 불완전하거나 모호할 때, 다른 모달리티의 정보를 활용해 오류를 보정할 수 있다는 의미다. 예를 들어 잡음이 심한 음성 데이터를 이해할 때 화자의 입 모양(시각 데이터)을 동시에 분석해 정확성을 높일 수 있기 때문에 단일 모달리티 모델보다 견고성을 가진 결과물을 생성할 수 있는 것으로 평가된다.

인공지능이 복잡한 작업을 자율적으로 수행하기 위해서는 사용자의 명령과 피드백을 자연스럽게 이해할 수 있어야 한다. 사용자가 음성으로 지시하고, 화면의 이미지를 가리키며, 제스처를 취하는 모든 방식을 자연스럽게 이해하는 인공지능 모델은 향후 에이전틱 AI와 휴머노이드, 자율주행 자동차의 진보를 위한 소프트웨어적인 토대를 형성할 중요한 기술로 평가된다.


## 온디바이스 AI


온디바이스 AIOn-Device AI는 인공지능 모델의 추론 및 연산 과정을 클라우드 서버가 아닌 사용자 기기(스마트폰, PC, 태블릿, IoT 장치 등) 내의 칩에서 직접 처리하는 기술을 의미한다. 기존의 AI 모델이 클라우드 서비스를 통해 많은 수의 GPU 칩이나 ASIC 칩으로 구성된 서버에 접속해 강력한 컴퓨팅 자원에 의존했다면, 온디바이스 AI는 추론 작업을 사용자의 기기 내에 내장된 칩을 이용해 수행한다는 차이가 있다. 이를 위해 'AI 모델의 크기를 대폭 줄이는 경량화 Model Quantization and Compression 기술'과 '기기 내부에 탑재된 NPU Neural Processing Unit 와 같은 전용 AI 가속 칩'이 사용되었고, 서버 통신 없이도 빠른 연산이 가능해졌다. NPU는 AI 연산에 특화되어 GPU보다 훨씬 낮은 전력으로 고성능을 구현하는 칩을 의미한다.

온디바이스 AI는 성능·보안 측면에서 미래 AI 서비스의 필수 요소로 자리 잡을 것이다. 데이터가 서버를 왕복할 필요가 없어지므로, AI 응답 속도가 획기적으로 빨라진다. 이는 실시간성이 중요한 애플리케이션(예: 실시간 번역, 자율주행, 카메라 기능)에서 지연 시간 Latency 을 최소화해 사용자 경험을 향상시킬 수 있다.

또한 네트워크 연결이 불안정하거나 불가능한 환경에서도 AI 기능을 사용할 수 있는 연결 독립성을 제공한다. 온디바이스 AI는 특히 스마트폰, 자율주행차, IoT 기기 등 실시간 처리가 중요한 분야에서 필수적인 기술로 자리매김할 것이다.

이와 더불어 민감한 사용자 데이터(음성 기록, 얼굴 인식 정보 등)가 기기를 떠나지 않고 처리되므로, 개인정보 유출 위험이 낮아져 금융 및 의료 등 규제가 엄격한 분야에 AI 도입이 용이해진다는 장점도 보유하고 있다.

온디바이스 AI의 확산을 위해 하드웨어 측면에서는 NPU의 확산이 선행되어야 한다. 스마트폰을 넘어 PC, 태블릿, 스마트워치, 그리고 차량용 칩 등 모든 종류의 엣지 디바이스에 고성능 NPU 탑재가 일반화될 것으로 예상된다.

파운데이션 모델에서는 협력적 Hybrid AI 구조로의 진화가 예상된다. 모든 AI 작업을 기기에서 처리하려면 아주 고성능의 NPU가 필요하고, 이는 가격의 상승으로 이어져 인공지능의 확산을 저해하는 요소로 작용한다. 온디바이스 AI는 가벼운 일상 작업(예: 간단한 검색, 맞춤법 검사)을 담당하고, 클라우드 AI는 방대한 지식이 필요한 복잡하고 거대한 작업(예: 새로운 모델 학습, 방대한 데이터 분석)을 담당해 성능과 효율성을 모두 잡을 수 있다.

온디바이스 AI의 미래는 밝다. AI 기술을 사용자에게 가장 빠르고 안전하며 효율적인 방식으로 전달하는 미래 AI 소프트웨어의 핵심 플랫폼이 될 것이다.


## 에이전틱 AI

에이전틱 AI<sup>Agentic AI</sup>는 현재 AI 연구와 산업에서 가장 혁신적인 영역 중 하나이며, 인공지능이 단순한 도구를 넘어 자율적인 의사결정 주체로 진화함을 의미한다. 이는 사용자에게 지시를 받아 답변을 생성하는 기존 AI 모델의 수동적 역할을 뛰어넘어 복잡한 목표를 스스로 달성하는 능력을 갖춘 AI 소프트웨어를 의미한다. 즉 에이전틱

AI는 소프트웨어의 가치를 '명령 수행'에서 '자율적인 문제 해결'로 전환시키는 새로운 패러다임으로 주목받고 있다.

에이전틱 AI는 다음과 같은 핵심 요소들로 정의된다.


- 자율성[Autonomy]: 외부의 지속적인 명령 없이, 주어진 최종 목표를 달성하기 위해 스스로 행동을 개시하고 조정하는 능력을 의미한다.
- 추론 및 계획 수립[Reasoning & Planning]: 복잡한 목표를 구체적이고 논리적인 하위 단계들로 분해하고, 그 순서와 방법을 계획하는 능력이다.
- 도구 활용[Tool Use]: 웹 검색 엔진, 코드 인터프리터, 외부 API 또는 다른 소프트웨어 프로그램 등 필요한 도구를 인식하고, 이를 호출해 작업을 수행하는 능력을 의미한다.
- 반성 및 개선[Reflection & Self-Correction]: 실행 결과를 모니터링하고, 실패나 오류가 발생하면 그 원인을 분석해 계획을 수정하고 재시도하는 '피드백 루프'를 갖는다.


즉 기존의 인공지능(예: ChatGPT)이 "내 요청에 대한 답을 찾아줘"라고 지시해야만 움직이는 '똑똑한 계산기'라면, 에이전틱 AI는 "우리 회사의 내년 마케팅 전략을 수립해줘"라는 목표만 던져줘도 스스로 시장 조사, 경쟁사 분석, 예산 책정, 콘텐츠 초안 작성 등의 일련의 작업을 자율적으로 수행해 결과물을 제시하는 '자율적인 동료'

로 정의할 수 있다.

Agentic AI는 '텍스트 기반 챗봇 → 멀티모달 모델 → 지능형 웹 에이전트 → 궁극적인 범용 인공지능AGI, Artificial General Intelligence 에이전트'의 경로로 발전이 예상된다. 현재 주요 빅테크 기업들은 시각 인식과 행동 실행을 결합해 간단한 웹 작업을 AI가 대신 처리하는 지능형 웹 에이전트를 상용화하고 있다(예: OpenAI의 Operator, Google의 Project Mariner, Anthropic의 Computer Use).

이러한 Agentic AI의 상용화를 위해서는 고성능 추론Reasoning 모델이 필수 전제 조건이다. 추론 능력이란 인공지능 모델이 복잡한 문제를 단계적으로 분해하고 논리적인 과정을 통해 해결할 수 있도록 설계된 능력으로, Agentic AI가 단순 자동화를 넘어 스스로 의사 결정을 내리게 하려면 고성능·고품질의 추론 능력이 중요하다.

다음 전제 조건은 비용절감이다. 인공지능 모델의 훈련 및 추론 비용은 막대하게 증가하고 있으나, AI SaaS(서비스형 AI)의 수익화를 위해서는 모델 비용 절감이 필수적이다. 실제로 LLM의 성능 대비 가격은 불과 4년 만에 1천분의 1로 감소하는 등 비약적으로 하락하고 있다.

마지막 조건은 AI 에이전트 상호작용의 표준화다. AI 에이전트가 외부 데이터 소스 및 도구와 효율적으로 연결될 수 있도록, 앤트로픽Anthropic은 MCPModel Context Protocol와 같은 교환 방식을 표준화해 에이전트 구축 속도를 높이고자 하고 있다.

또한 구글은 다양한 AI 에이전트 간의 안전한 소통과 협업을 위한 A2A<sup>Agent2Agent</sup> 프로토콜을 발표했다. 사용자가 선호와 사용 목적에 따라 여러 다른 인공지능 모델을 기반으로 하는 다양한 기기를 활용해 에이전틱 인공지능 환경을 구축하려면 개별 모델들 간의 상호 작용에서 표준화가 선행되어야 하기 때문이다.

Agentic AI의 등장은 개인화된 디지털 비서가 우리의 디지털 라이프를 완전히 자동화하고, 여러 전문 에이전트가 협력하는 멀티-에이전트 협력 시스템을 구축할 수 있게 함으로써 사회 전반의 근본적인 변화를 가져올 잠재력을 가지고 있다. 궁극적으로 인간의 역할은 단순 노동을 넘어 '무엇을 결정하고 명령할 것인가'에 집중될 것이다. 인공지능이 실질적인 결과물을 도출해주기 때문에 창의성, 비판적 사고, 전략 수립과 같은 인간 고유의 영역에 더 많은 시간과 에너지를 투입할 수 있게 되어 생산성 극대화에 큰 기여를 할 것으로 기대한다.

# 산업의 발전 양상에 맞춘 포트폴리오 변화가 필요하다

인공지능 산업과 생태계의 발전 방향이 앞으로 조금씩 변화하는 만큼 지금까지의 집중된 포트폴리오 대신 다양한 생태계 기업들도 투자의 대상으로 적극적인 고려가 필요한 시기로 판단한다.

## 하드웨어 : 맞춤형 ASIC의 강세가 예측

하드웨어는 앞에서 언급한 것처럼 학습용으로는 범용의 GPU가, 추론용으로는 맞춤형 ASIC가 시장을 양분하며 공존할 것으로 예상된다. 다만 현재까지 대부분 기업들이 GPU로 투자를 집중해왔기 때문에 앞으로 증분이라는 면에서는 ASIC의 증가 속도가 빠른 구간이 당분간 이어질 것으로 예상한다.

특히 인공지능을 활용한 다양한 애플리케이션과 서비스가 출시될수록 추론용 연산 능력 수요가 빠르게 증가할 것이라는 점에서도 맞춤형 ASIC의 강세를 조심스레 예측해본다.

추론 중심의 연산 환경에서는 전력 효율과 비용 구조가 핵심 경쟁 요소로 작용한다. 이 과정에서 특정 워크로드에 최적화된 ASIC는 GPU 대비, 높은 에너지 효율과 안정적인 운영 비용을 제공할 수 있으며, 대규모 서비스 운영 기업일수록 맞춤형 칩 설계에 대한 유인이 커질 수밖에 없다. 이는 클라우드 사업자, 대형 플랫폼 기업을 중심으로 ASIC 내재화 흐름이 점진적으로 확대될 가능성을 시사하는 대목이다.

## 파운데이션 모델 : 강도 높은 경쟁이 지속될 전망

파운데이션 모델은 모델의 성능뿐만 아니라 멀티모달리티, 에너지 효율성, 추론 비용 등 다양한 측면에서의 경쟁이 지속될 것이고, 여러 파운데이션 모델이 경쟁하며 공존하는 지금의 구조가 계속 이어질 것으로 예상한다. 경쟁을 지속하는 과정에서 토큰 비용(파운데이션 모델 사용료)의 하락이 지속될 것이므로, 파운데이션 모델 자체의 수익성과 가치는 시장의 기대보다는 완만하게 상승할 것으로 예상된다. 파운데이션 모델만을 만드는 회사(오픈AI, 앤트로픽 등)은 비상장 회사이므로 투자자 입장에서 모델 간의 경쟁은 환영할 만한 요소라고 생각한다.

이러한 경쟁 구도는 특정 모델의 독점적 지위 형성보다 용도·가격·성능 특성에 따라 모델이 세분화되는 방향으로 전개될 가능성이 높다. 결과적으로 파운데이션 모델은 범용 인프라 성격이 강화되며, 차별화의 중심은 모델 자체보다는 이를 어떻게 활용하고 결합하느냐의 문제로 이동할 전망이다. 이는 투자 관점에서 파운데이션 모델보다 그 위에서 작동하는 애플리케이션과 서비스의 중요도를 더욱 부각시키는 요인이다.

## 애플리케이션 : 가파른 성장을 지속할 것으로 기대

애플리케이션·서비스 생태계에서는 낮아진 파운데이션 모델 사용료를 바탕으로 더 많은 기업들이 인공지능 모델을 사용해 본업에서의 경쟁력을 개선하기 위한 시도들을 이어나갈 전망이다. 그리고 지난 2년간 가파른 실적 성장과 주가 수익률로 주목받은 팔란티어Palantir와 같은 인공지능 기술을 활용해 차별화된 경쟁력을 확보하는 기업들이 승자로 떠오를 것으로 기대된다.

최근 앱러빈AppLovin, 세일즈포스닷컴Salesforce.com, 스노우플레이크SnowFlake 등 인공지능 기술을 성공적으로 도입하거나 에이전틱 AI를 선제적으로 도입하기 위해 노력하고 있는 회사들도 각별히 주목할 만하다.

특히 애플리케이션 영역에서는 인공지능이 단순한 보조 도구를 넘어 의사결정 자동화와 업무 프로세스 재설계의 핵심 요소로 자리 잡고 있다. 데이터 접근성, 도메인 이해도, 기존 고객 기반을 보유한 기업일수록 AI의 도입 효과가 빠르게 실적 개선으로 연결될 가능성이 높다. 이에 따라 향후 인공지능 투자의 초점은 기술 자체보다, 실제르 수익성과 경쟁력을 개선하는 실행력 있는 기업으로 이동할 것으로 판단된다.

    # Broadcom, Inc. (AVGO-US)

* Relative: S&P 500 Index
* **시가총액**(백만 달러): 1,629,455

◆ **기업 개요**

- 미국의 다국적 기술 기업. 반도체 솔루션 사업부(매출비중 60%)
  와 인프라 소프트웨어 사업부(매출비중 40%)로 구성

- 2015년 싱가폴 반도체 기업이었던 아바고 테크놀로지스가 (구)
  브로드컴을 인수·합병하며 탄생

- 주식 티커는 아바고의 AVGO를 그대로 사용하며, 사명은 더 유
  명 기업이었던 브로드컴으로 변경

- 네트워킹용 시스템 반도체 분야에서 퀄컴과 함께 글로벌 선두를
  다투고 있으며, 현재 AI용 ASIC 시장에서 점유율 35%로 1위

- 자체 제조 시설을 갖고 있지 않은 팹리스(Fabless) 업체로 반도
  체 설계에 집중하고, 생산은 TSMC와 같은 외부에 위탁

- 주요 고객은 애플을 비롯한 주요 빅테크 기업, 통신 장비 제조
  사, 데이터센터 사업자 등으로 구성

- 구글의 TPU<sup>Tensor Processing Unit</sup>를 비롯해 메타의 자체 AI 칩인
  MTIA의 설계를 담당하고 있으며, 최근 오픈AI의 맞춤형 ASIC
  칩셋 개발 및 공급 계약을 체결하는 등 AI용 ASIC에서 독보적
  인 지위를 강화하는 중

◆ **투자 포인트**

- 엔비디아에 대한 의존도를 줄이고 자신들의 AI 모델에 딱 맞춘
  고효율의 전용 반도체를 만들고자 하는 주요 빅테크 기업들의
  수요가 폭발적으로 늘어나기 시작했으며, 향후에도 추론용 연
  산 수요의 증가는 지속될 것으로 전망
- AI 학습 및 추론에는 방대한 양의 데이터를 빠르게 전송·처리
  하는 고대역폭 인터커넥트, 메모리 컨트롤러, 패키징 기술 등
  이 필수적이며 이 기술 모두 동사가 독보적인 기술력을 보유하
  고 있는 분야임

◆ **리스크**

- 과거 VMWare를 인수하면서 약 600억 달러 이상의 막대한 부
  채를 안게 되었기 때문에 재무적인 부담이 존재
- 국가별 매출액에서 중국이 2위(약 20%)를 차지하고 있기 때문
  에 미국의 대중 반도체 수출통제에 영향받을 수 있음

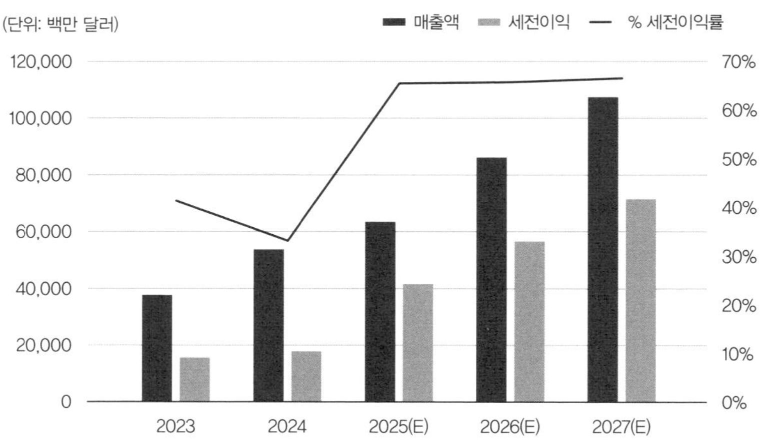


제품별 매출 비중

지역별 매출 비중

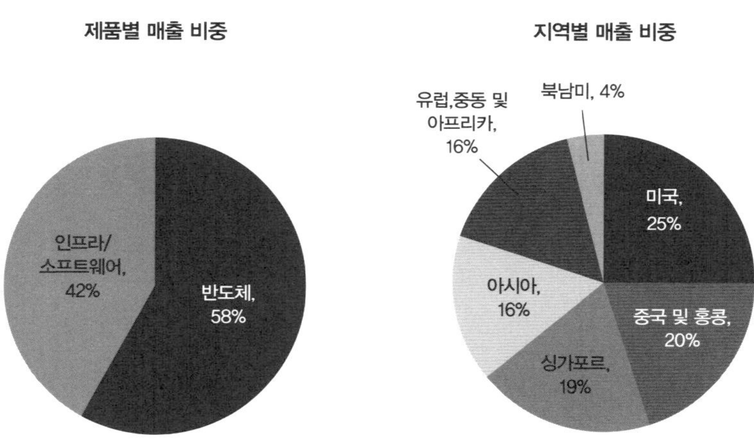

* Relative: S&P 500 Index
* **시가총액**(백만 달러): 88,918

#### ◆ 기업 개요

- 클라우드 기반의 데이터 솔루션 및 데이터 플랫폼을 제공하는 미국의 기술 기업

- 기존의 사내 구축형 데이터 베이스의 한계를 극복하고, 현대적인 데이터 분석 및 활용 분야에서 빅테크 기업들과 경쟁

- 2012년 오라클 출신의 인물들이 창업했고, 2020년 뉴욕증권거래소(NYSE)에 상장

- 매출액의 대부분(95%)이 클라우드 데이터 플랫폼 사업부에서 발생하고 있으며, 단순한 데이터 웨어하우스를 넘어서는 데이터의 저장·처리·분석·공유하는 모든 활동을 단일 통합 플랫폼에서 제공한다는 장점을 보유

- 데이터 저장 공간과 데이터 연산 능력을 완전히 분리해 설계함으로써 비용의 유연성과 성능의 민첩성을 고객에게 제공

- 아마존 AWS, 구글 GCP, 마이크로소프트 Azure 등 주요 클라
  우드 플랫폼 모두를 지원하는 멀티클라우드 서비스를 제공
- 신규 고객수도 빠르게 증가중이지만, 기존 고객의 순매출 유지율
  <sub>Net Retention Rate</sub>도 125%를 기록

#### ◆ 투자 포인트

- AI 애플리케이션, 서비스 개발에서 데이터 레이어의 중요도가
  계속 높아짐에 따라 동사의 중요도가 계속 강조될 것으로 기대
- 동사의 신규 고객 중 50% 이상이 "AI 개발을 위해 동사의 플랫
  폼을 선택하고 있다"고 응답
- 최근 5개 분기 연속, 최근 12개 분기 중 11개 분기에서 실적 서
  프라이즈를 기록하며 높은 성장률을 유지중
- 잔여계약가치(수주잔고와 같은 개념) 증가율이 30% 이상으로 향후
  에도 높은 성장률이 유지될 전망

#### ◆ 리스크

- 아마존, 구글, 마이크로소프트 등 자본력과 고객 기반이 압도적
  인 클라우드 벤더들과 직접적인 경쟁 관계에 있어, 거대 경쟁사
  들이 클라우드 서비스 내에 데이터 플랫폼 기능을 통합해 가격
  경쟁을 할 수 있다는 우려가 존재

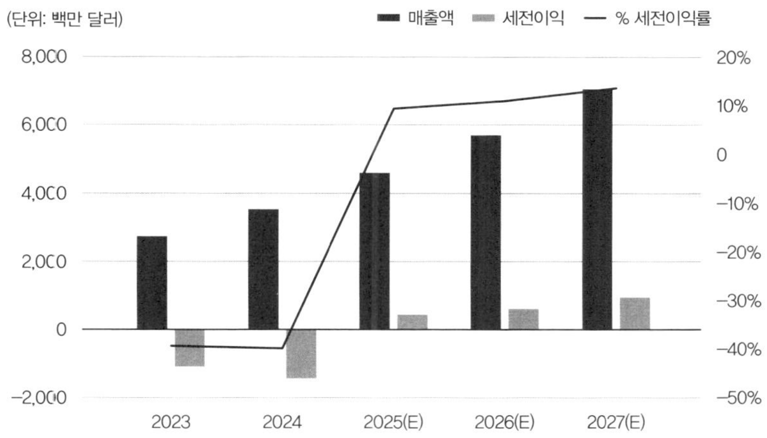

(단위: 백만 달러)
매출액
세전이익
% 세전이익률
8,000
6,000
4,000
2,000
0
-2,000
20%
10%
0
-10%
-20%
-30%
-40%
-50%
2023
2024
2025(E)
2026(E)
2027(E)


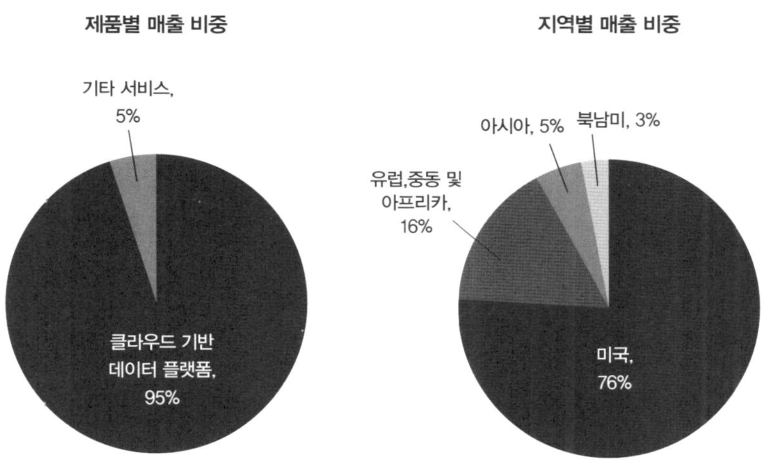

제품별 매출 비중
기타 서비스,
5%
클라우드 기반
데이터 플랫폼,
95%
지역별 매출 비중
아시아, 5%
북남미, 3%
유럽,중동 및
아프리카,
16%
미국,
76%

 AppLovin Corp. (APP–US)

* Relative: S&P 500 Index
* 시가총액(백만 달러): 245,109

◆ **기업 개요**

- 2011년 현재 CEO인 애담 포루기(Adam Foroughi)에 의해 설립되어, 2021년 나스닥 시장에 상장

- 모바일 앱 개발자들의 성장과 수익화를 돕는 기술 플랫폼을 제공하는 미국의 애드테크(Ad Tech) 기업으로 '모바일'에 특화

- 자체 게임 스튜디오들을 통해 캐쥬얼 게임들을 출시하기도 하지만, 자체 게임을 통해 방대한 양의 1차 사용자 데이터를 수집해 소프트웨어 플랫폼인 AXON AI 엔진을 학습시켜 소프트웨어 플랫폼 사업부에서 차별화된 광고 효율을 제공

- 광고주(사용자 획득)와 퍼블리셔(수익 극대화) 모두에게 필요한 기술과 플랫폼을 원스톱으로 제공하는 풀스택(Full Stack) 서비스

- AXON AI 엔진 : 고유 AI 엔진으로 자체 앱에서 확보한 데이터를 바탕으로 광고 노출을 평가해 광고주의 효율 극대화

- 최근에는 이커머스 및 기타 비게임 모바일 앱으로 광고 서비스
  의 버티컬을 확장하며 성장 동력을 강화
- CTV<sup>Connected TV</sup> 진출 : 커넥티드 TV 시장으로의 진출을 통해 새
  로운 광고 인벤토리 확장에 집중


◆ **투자 포인트**

- 인공지능 생태계의 일부를 구성하는 회사는 아니지만, AI 기술
  을 적극적으로 도입하며 본업에서 경쟁자들과 차별화된 생산
  성 향상을 보여주고 있는 사례로 평가
- 이커머스와 비게임 모바일 앱으로 버티컬을 확장하며 신성장
  동력을 강화하는 전략 기대
- 자체 게임 사업부를 축소하고, 고마진의 AI 기반 소프트웨어 플
  랫폼에 집중함으로써 영업이익률 등 수익성 향상이 이루어질
  것으로 기대


◆ **리스크**

- 구글, 메타 등과 같은 대형 경쟁사들이 AI 엔진을 활용한 광고
  효율 향상에 집중하기 시작해 향후 경쟁 심화 우려
- 사용자 데이터 확보를 위해 부적절한 도구를 사용했다는 의
  혹이 제기된 데 이어 SEC(미국증권거래위원회)에서 조사를 시작
  해 불확실성이 대두

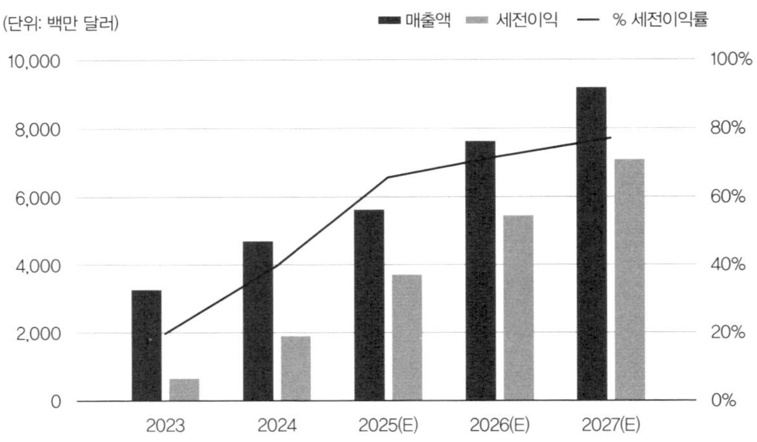

(단위: 백만 달러)
매출액
세전이익
% 세전이익률
10,000
8,000
6,000
4,000
2,000
0
100%
80%
60%
40%
20%
0%
2023
2024
2025(E)
2026(E)
2027(E)


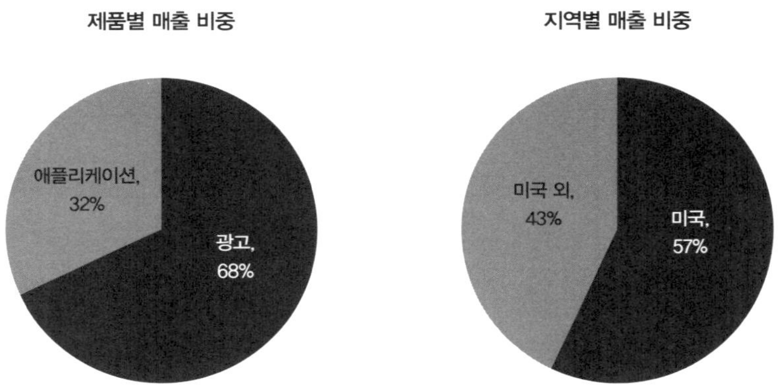

제품별 매출 비중
애플리케이션,
32%
광고,
68%
지역별 매출 비중
미국 외,
43%
미국,
57%

 **Palantir Technologies, Inc.**
(PLTR-US)

* Relative: S&P 500 Index
* 시가총액(백만 달러): 461,557

◆ **기업 개요**

- 2003년 페이팔의 공동창업자인 피터 틸[Peter Thiel] 등에 의해 설립된 빅데이터 및 인공지능 플랫폼 선도 기업
- 9·11 테러 이후 미국 정보기관들이 데이터 통합 및 분석에 실패하는 것을 보고, '테러 방지 및 국가 안보강화'를 가치로 창립
- 2020년 직상장 방식으로 뉴욕증권거래소[NYSE]에 상장
- 정부 기관 관련 매출이 50% 이상이고 민감한 내부 기밀 정보를 다뤄 '세상에서 가장 비밀스러운 소프트웨어 회사'로 불림
- 정부기관을 대상으로 국가 안보 영역을 지원하는 Palantir Gotham, 헬스케어·물류 등의 일반 기업을 대상으로 하는 Palantir Foundry가 핵심 플랫폼임. 최근 두 영역을 아우르는 AI 플랫폼인 Palantir AIP가 핵심 성장 동력으로 부각
- 여러 다른 시스템에 파편화되어 있는 대규모 데이터들을 통

합·분석하는 분야에서 독보적인 경쟁력을 보여주고 있는 것
으로 평가
- 최근 출시한 AI 플랫폼 AIP를 바탕으로 다양한 기업들의 AI 전
환 수요를 실질적인 매출과 운영 개선으로 연결시키며 확장
- 정부향 사업을 통해 쌓아온 노하우와 신뢰를 민간 커머셜 부문
에 적용해 시장의 기대치를 뛰어넘는 실적을 연달아 기록

**◆ 투자 포인트**
- 연속 분기 흑자를 기록하며 재무적 리스크 해소 국면으로
S&P500, 나스닥100 등 주요 지수에 편입
- Gotham: 견고한 정부 및 국방 계약을 확보해 장기 실적에 대
한 하방을 확보
- 데이터 통합 및 연결 능력 부분에서 경쟁사들이 따라잡기 어려
운 강력한 기술적 해자를 확보한 것으로 평가
- 기업들이 보유한 대규모 데이터를 대형 언어 모델과 연결해 실제
운영환경에서 의사결정에 도움을 주는 AIP 플랫폼의 고성장 기대

**◆ 리스크**
- 매출의 55%가량이 정부향 사업에서 나오는 구조여서 매출 변
동성이 크고, 정부 정책에 대한 노출 등이 크다는 점
- 정부 기관에 대한 감시 및 정보 분석 솔루션 제공으로 인해 사
생활 침해 및 윤리적 논란이 지속적으로 제기

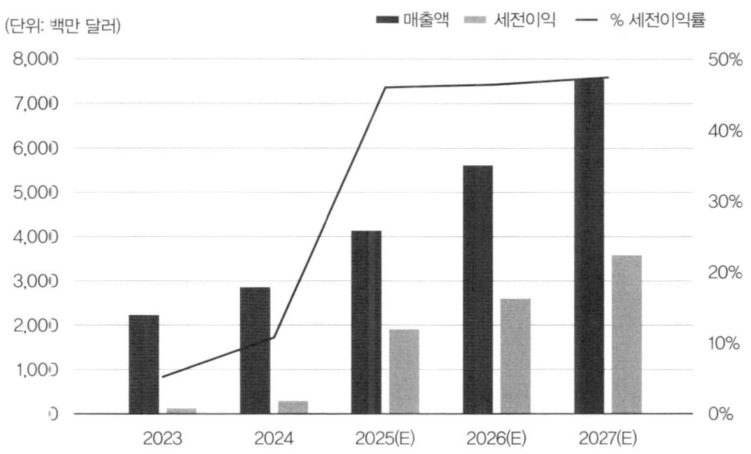


(단위: 백만 달러)
매출액
세전이익
% 세전이익률
8,000
7,000
6,000
5,000
4,000
3,000
2,000
1,000
0
50%
40%
30%
20%
10%
0%
2023
2024
2025(E)
2026(E)
2027(E)


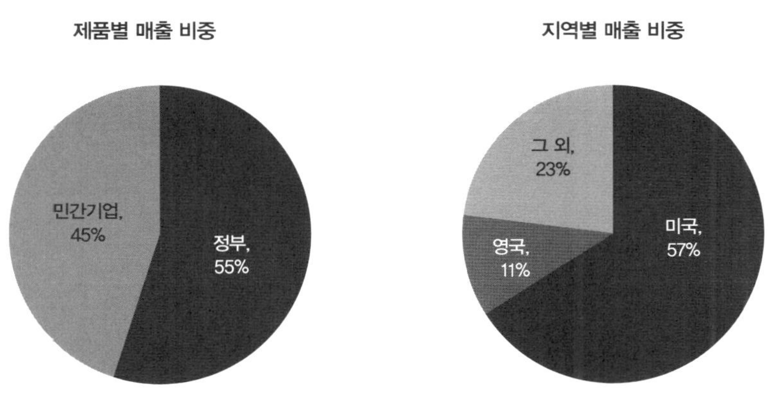


제품별 매출 비중
민간기업,
45%
정부,
55%
지역별 매출 비중
그 외,
23%
영국,
11%
미국,
57%

# CrowdStrike Holdings, Inc.
(CRWD-US)

* Relative: S&P 500 Index
* 시가총액(백만 달러): 127,629

◆ **기업 개요**

- 2011년 FBI 등 전문 수사기관 출신들에 의해 설립된 보안 솔루션 전문 기업

- 클라우드 기반의 워크로드, 엔드포인트 보안 및 사이버 공격 대응 서비스를 전문으로 하는 차세대 보안 솔루션 제공

- 2019년 나스닥 거래소에 상장했으며, 2024년 6월 S&P500 지수에 편입

- 전 세계 수많은 엔드포인트에서 발생하는 일별 1조 이상의 이벤트를 클라우드에서 수집·분석해 위협 인텔리전스로 활용

- 기존의 시그니처 기반의 보안이 아닌 머신러닝과 인공지능, 행동기반 공격 지표를 이용해 사이버 위협을 탐지·차단

- 클라우드 보안과 위협 탐지 대응 서비스에서 확보한 고객기반을 엔드포인트 보안, ID 보호 등 다른 보안 영역으로 확장

- 보안과 IT 관리 기능을 단일 플랫폼으로 통합한(XDR, Extended Detection and Response) 전략으로 고객의 복잡성과 비용이 절감
- 모든 제품과 서비스를 단일 에이전트인 Falcon 플랫폼을 통해 제공

#### ◆ 투자 포인트

- 기업들이 다수의 파편화된 보안 솔루션을 통합 플랫폼으로 교체하는 추세에 따라 가장 큰 수혜가 예상
- 공격자들이 클라우드 워크로드와 계정(ID) 탈취에 집중함에 따라 회사의 클라우드 보안<sup>CWPP</sup> 및 ID 보호 모듈 채택률이 상승
- AI 기반의 차세대 SIEM 및 데이터 보호<sup>DLP</sup> 솔루션은 보안 시장의 핵심 영역을 혁신하고 있음
- '고객 데이터를 학습 → 보안 성능의 향상 → 더 많은 고객 유입으로 더 많은 데이터 확보'의 선순환 고리는 강력한 해자를 제공
- 기존 고객이 Falcon 플랫폼에서 사용하는 모듈(제품)의 수가 계속 증가하며, 강력한 락인 효과와 강한 교차 판매 능력을 입증

#### ◆ 리스크

- 마이크로소프트, 구글 등 클라우드 기업들이 엔드포인트 보안 및 XDR 시장에서 통합 솔루션을 제공하며 경쟁 압력 상승
- 2024년 발생했던 대규모 장애 사건으로 회사의 핵심 기술적 신뢰도에 타격을 입음. 반복 발생 여부에 주목

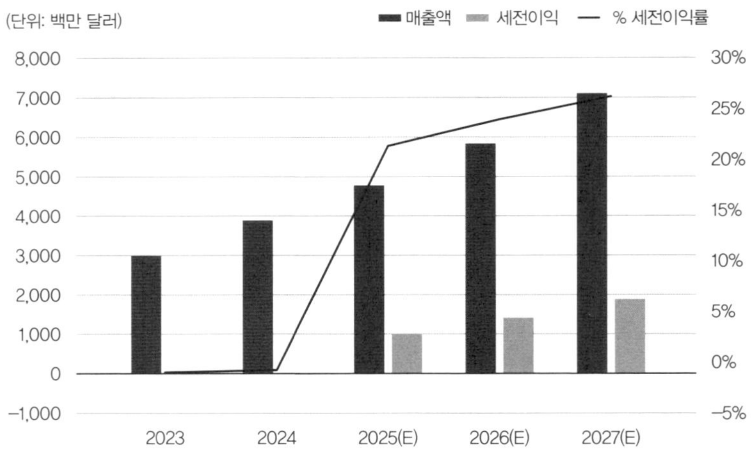


(단위: 백만 달러)
매출액
세전이익
% 세전이익률
8,000
7,000
6,000
5,000
4,000
3,000
2,000
1,000
0
-1,000
30%
25%
20%
15%
10%
5%
0%
-5%
2023
2024
2025(E)
2026(E)
2027(E)


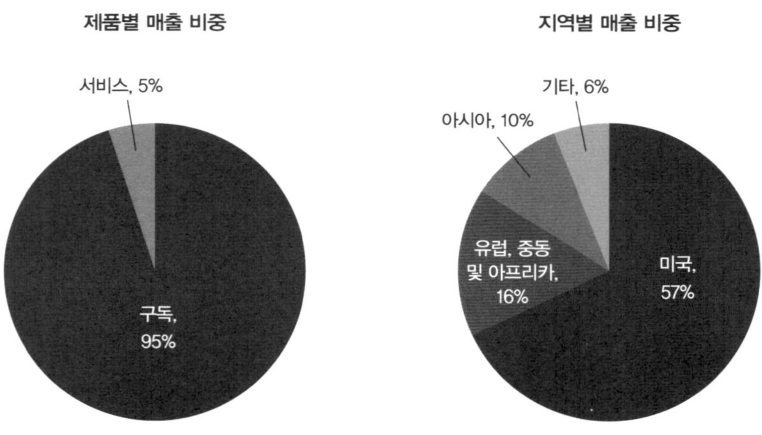


제품별 매출 비중
서비스, 5%
구독, 95%
지역별 매출 비중
기타, 6%
아시아, 10%
유럽, 중동 및 아프리카, 16%
미국, 57%

# Cloudflare, Inc. (AVGO-US)

* Relative: S&P 500 Index
* 시가총액(백만 달러): 81,812

## ◆ 기업 개요

- 2009년 매튜 프린스Matthew Prince, 리 할러웨이Lee Holloway가 설립

- 2019년 뉴욕증권거래소NYSE에 상장

- 웹사이트·애플리케이션·네트워크의 보안, 성능 및 안정성을 향상시키는 서비스를 제공하는 글로벌 클라우드 서비스 기업

- 사용자·애플리케이션·네트워크·클라우드를 연결하고 보호하는 '클라우드 연결성Cloud Connectivity'을 제공하는 통합 플랫폼

- 웹 보안 및 성능 솔루션에 머물지 않고 기업 워크스페이스 보안, Workers를 통한 AI 애플리케이션 플랫폼까지 확장

- Workers 플랫폼: 개발자들이 전 세계 엣지에서 코드를 실행할 수 있게 하는 서버리스 컴퓨팅 환경을 제공함으로써 분산형 AI 인프라를 구축하는 것을 돕는 AI 애플리케이션 및 엣지 컴퓨팅 시대에 핵심 인프라로 부상

◆ **투자 포인트**

- AI 모델의 확산과 데이터 처리의 분산화 추세 속에서, 동사의
  Workers와 R2 스토리지 서비스는 필수적인 인프라로 수혜 가능
- 전통적인 네트워크 경계가 사라지면서 Cloudflare One 같은
  통합 Zero Trust 솔루션에 대한 기업 수요가 폭발적으로 증가
- CDN, DDoS 방어 시장의 지배력을 바탕으로, 보안(SASE) 및
  개발자 플랫폼 영역으로 제품군을 확장하는 벤더통합 트렌드
  수혜
- 글로벌 OTT와 SNS의 성장으로 기존 사업 영역인 CDN 사업
  도 여전히 고성장중

◆ **리스크**

- Amazon, Microsoft, Google과 같은 클라우드 업체뿐만 아니
  라 Zscaler, Akamai 등 전문 기업들과도 모든 영역에서 경쟁
  심화
- 공격적인 글로벌 네트워크 확장 및 연구 개발 투자로 인해 수
  익성 확보가 더디게 진행되고 있다는 약점이 존재

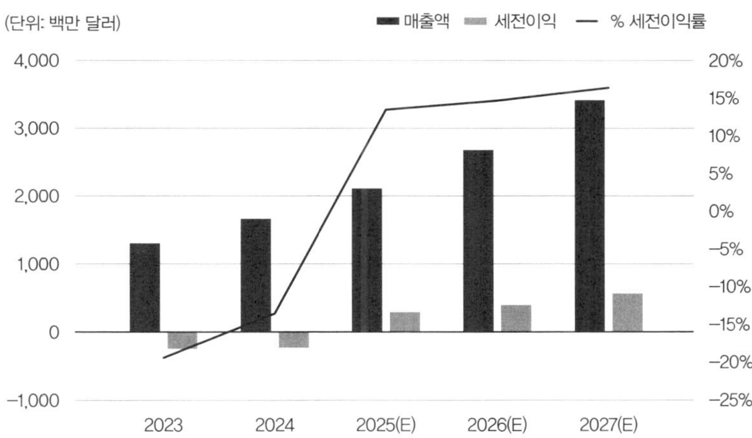
(단위: 백만 달러)
매출액
세전이익
% 세전이익률
4,000
3,000
2,000
1,000
0
-1,000
20%
15%
10%
5%
0%
-5%
-10%
-15%
-20%
-25%
2023
2024
2025(E)
2026(E)
2027(E)

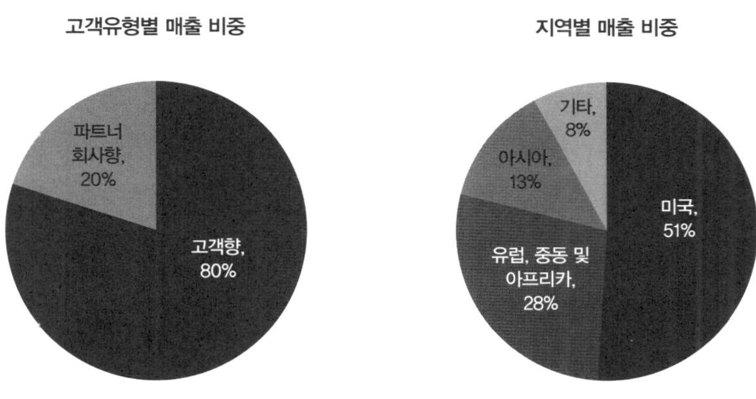
고객유형별 매출 비중
파트너
회사향,
20%
고객향,
80%
지역별 매출 비중
기타,
8%
아시아,
13%
유럽, 중동 및
아프리카,
28%
미국,
51%

# Glabal X Artificial Intelligence and Technology ETF
## (AIQ US EQUITY)

| ETF 이름 | Glabal X Artificial Intelligence and Technology ETF |
|---|---|
| 티커 | AIQ US EQUITY |
| 운용사 | Global X Management Company LLC |
| 펀드 분류 | Global / Sector / Technology |
| 최초 상장일 | 2018-05-15 |
| 시가총액 | USD 6.57 Billion |
| 총 보수 | 0.680% |
| 리밸런싱 주기 | 연 2회 |

Glabal X Artificial Intelligence and Technology ETF는 인공
지능(AI)과 빅데이터 기술의 발전 및 도입으로부터 수혜를 얻을 것
으로 예상되는 기업에 투자하는 테마형 ETF이다. 이 ETF는 다음과
같은 기업에 투자한다.

- AI 소프트웨어 및 서비스: 머신러닝, NLP, AI 플랫폼 등을 제공하는 기업
- AI 하드웨어 및 반도체: AI 연산에 필수적인 하드웨어를 설계, 제조하는 기업
- 빅데이터 및 분석: 데이터를 수집, 저장, 분석하는 서비스를 제공하는 기업
- AI 기술 적용 기업: 기존 사업에 AI를 적용해 혁신을 추구하는 기업

이 ETF는 인공지능 산업을 특정 기술이나 기업에 한정하지 않고, 인프라부터 응용 단계까지 전반적인 밸류체인으로 포괄한다는 특징이 있다. 반도체·클라우드·데이터 처리 기술과 같은 기반 산업과, 이를 활용해 서비스 경쟁력을 강화하는 기업들을 동시에 편입함으로써 AI 확산 과정 전반에 투자하는 구조를 지향한다. 특히 AI 기술의 도입 속도가 산업별로 상이하다는 점을 고려할 때 단일 분야 집중형 ETF 대비 변동성을 완화할 수 있는 장점도 있다.

AI 기술 관련 매출 비중이 높은 기업뿐만 아니라 AI 기술 도입을 통해 새로운 사업 기회를 창출하는 기업에도 폭넓게 투자하는 ETF인 만큼 단기적인 기술 트렌드보다는 AI의 구조적 확산과 산업 전반의 디지털 전환 흐름에 초점을 맞추며, 중장기 관점에서 안정적인 성장 기회를 추구하는 투자 수단으로 활용 가능하다.

◆ 투자 비중 Top 10 기업

| 회사명 | 티커 | 비중 |
| --- | --- | --- |
| Advanced Micro Devices Inc. | AMD US | 3.94% |
| Samsung Electronics Co. | 005930 KS | 3.81% |
| Alibaba Group Holdings | BABA US | 3.59% |
| Alphabet Inc. | GOOGL US | 3.52% |
| Tesla Inc. | TSLA US | 3.43% |
| Broadcom Inc. | AVGO US | 3.31% |
| TSMC | TSM US | 3.32% |
| Oracle Corp. | ORCL US | 3.45% |
| Apple Inc. | AAPL US | 3.08% |
| Tencent Holdings | 700 HK | 3.06% |

◆ 섹터별 투자비중

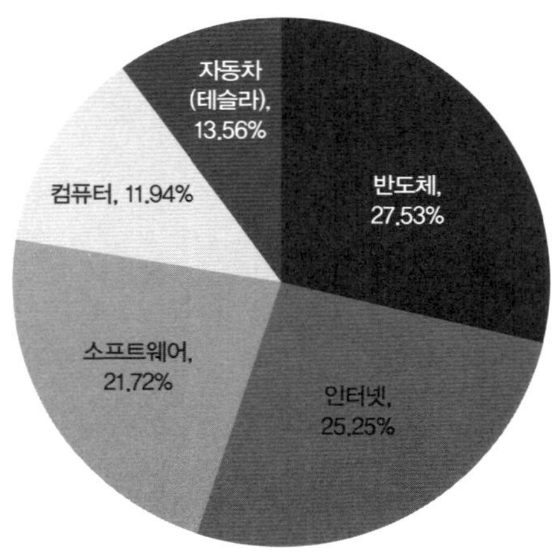